全国电力行业"十四五"规划教材

碳经济概论

主　编　许　静
副主编　安玉兴
主　审　胡　伟

中国电力出版社
CHINA ELECTRIC POWER PRESS

内 容 提 要

本书以中国实现碳达峰、碳中和目标为背景，以全球应对气候变化的主张和举措、碳排放核算方法、中国实现碳达峰碳中和过程的机遇和挑战、碳交易理论和国内外碳交易实践、碳市场与碳价格、碳中和的实现路径为主线展开论述，是一本关注碳经济的概论性教材。

本书可作为普通高等院校能源经济、资源与环境经济学、能源与动力工程等相关专业教材，也可作为其他专业学生、政府和企业人士了解碳经济相关知识的参考书。

图书在版编目（CIP）数据

碳经济概论/许静主编．—北京 ：中国电力出版社，2023.12

ISBN 978－7－5198－8275－4

Ⅰ.①碳…　Ⅱ.①许…　Ⅲ.①中国经济—低碳经济—研究　Ⅳ.①F124.5

中国国家版本馆 CIP 数据核字（2023）第 207133 号

出版发行：中国电力出版社
地　　址：北京市东城区北京站西街 19 号（邮政编码 100005）
网　　址：http://www.cepp.sgcc.com.cn
责任编辑：孙　静（010－63412542）
责任校对：黄　蓓　常燕昆
装帧设计：郝晓燕
责任印制：吴　迪

印　　刷：北京九州迅驰传媒文化有限公司
版　　次：2023 年 12 月第一版
印　　次：2023 年 12 月北京第一次印刷
开　　本：787 毫米×1092 毫米　16 开本
印　　张：8.25
字　　数：205 千字
定　　价：28.00 元

前 言

回溯人类历史可以知道，气候变化和生态环境破坏是一些古文明崩溃甚至消亡的重要原因。自工业革命以来，人们享受着发达物质文明带来的巨大便利，也不得不年复一年地遭受因温室气体排放引致的极端天气。尽管存在各种各样的分歧，但世界各国普遍认识到，在气候问题面前，人类是一个命运共同体。20 世纪下半叶，环保运动不断发展壮大，全球应对气候变化的科学认知、政治进程和产业行动不断向前推进，一些国家已经实现了碳达峰。21 世纪以来，许多国家都对净零排放作出了承诺并付诸行动。

2020 年 9 月，在第七十五届联合国大会一般性辩论上，国家主席习近平向全世界郑重宣布，中国“二氧化碳排放力争于 2030 年前达到峰值，努力争取 2060 年前实现碳中和”。碳达峰、碳中和这一“双碳”目标提出以后，引起国内外的广泛关注，并迅速影响了我国生产生活实践活动。随着对“双碳”认识的加深和实践的推进，我国将顶层设计和实践探索相结合，制订了一系列政策文件：2021 年 10 月 24 日发布《中共中央 国务院关于完整准确全面贯彻新发展理念做好碳达峰碳中和工作的意见》；同年 10 月 26 日，国务院印发《2030 年前碳达峰行动方案》；其后，有关部门针对不同领域、不同问题陆续出台多个政策，形成了碳达峰碳中和的“1＋N”政策体系。可以说，“双碳”目标提出至今不到三年的时间，已经掀起全国上下齐努力的热潮。正如 2021 年 4 月 30 日中共中央政治局第 29 次集体学习时习近平总书记指出的那样，实现碳达峰、碳中和是我国向世界作出的庄严承诺，也是一场广泛而深刻的经济社会变革。

近年来，我国经济的绿色化、低碳化水平取得明显成效，但生态环境保护结构性、根源性、趋势性压力尚未根本缓解。因此，进一步向全社会，特别是大学生们宣传“双碳”理念、普及“双碳”知识，从而培养大量优秀的“双碳”人才，就成为高校必须承担的责任。本书就是这种时代背景下诞生的。本书共包括七章内容：

第一章介绍了气候变化及其与碳排放的关系，同时梳理了全球应对气候变化的各种举措。

第二章介绍了碳排放的现状、核算方法以及碳排放与经济增长之间的关系。首先概括了全球和中国碳排放的阶段性特征；之后介绍了三类基本的碳排放核算方法，即基于领土边界的方法、基于生产侧的方法和基于消费侧的方法；在此基础上介绍了环境库兹涅茨曲线假说（EKC）和脱钩理论。

第三章介绍了碳达峰、碳中和的相关概念，重点介绍了中国碳达峰、碳中和面临的挑战、机遇和相关政策。

第四章主要是介绍碳交易体系的基本理论。实现碳达峰、碳中和的目标，要依靠有为政府和有效市场的“双手”合作，但根本的是要建立健全市场机制。本章介绍了碳交易产生的背景和碳市场的类型、碳排放权交易市场的核心要素、碳金融创新。

第五章对中国和主要国家的碳排放权交易市场进行了比较。梳理了中国碳排放权交易市场的发展历程、中国七个试点碳市场及国家碳市场的核心要素情况，并对国际典型碳排放权交易市场进行了比较和总结。

第六章介绍如何运用供求工具分析碳市场的需求、供给和市场均衡的形成及变动。

第七章分析了中国实现碳达峰、碳中和目标的路径，主要包括产业、能源、交通和建筑的绿色低碳转型，并介绍了碳捕集、利用与封存（Carbon Capture，Utilization and Storage，CCUS）技术和国家核证自愿减排量（Chinese Certified Emission Reduction，CCER）项目。

本书的出版得到沈阳工程学院“2022年校级规划教材”项目的支持（项目编号：JWGJ-2122223）。沈阳工程学院是以能源电力为主干学科，同时工、管、经、法多学科协调发展的省属本科高校。学校设有能源经济本科专业，并拥有一所碳达峰碳中和研究院。为提高学生培养质量，增强学校服务地方经济社会发展能力，学校高度重视本科教材建设。

本书由沈阳工程学院经济管理与法学院教师许静主编，许静负责设计全书框架，编写第二章至第七章的内容，并负责最后的统稿、校订。副主编为沈阳工程学院经济管理与法学院教师安玉兴，安玉兴负责第一章的编写。沈阳师范大学管理学院教师李占芳和辽宁省能源研究会任洪波负责教材编写过程中相关数据和文献资料的搜集整理。上海电力大学胡伟教授审阅全书，提出许多宝贵意见，在此表示感谢！

本书可作为能源经济、资源与环境经济学、能源与动力工程等相关专业的本科教材，也可作为政府、企业人士了解碳经济相关知识的参考书。

在2023年7月17日至18日召开的全国生态环境保护大会上，习近平总书记指出，我们承诺的“双碳”目标是确定不移的，但达到这一目标的路径和方式、节奏和力度则应该而且必须由我们自己作主，决不受他人左右。我们希望本教材对于大学生完整准确全面理解“碳达峰、碳中和”有所助益，提高他们系统思考、辩证思考的能力，增强“双碳”相关素养和技能，为建设美丽中国贡献绵薄之力。

由于水平有限，成书时间仓促，本书内容还有很多不足，希望大家不吝赐教，以便重印时予以修正和完善。

许静

2023年10月

目　录

第一章　气候变化及其全球治理

第一节　气候变化及其负面影响

一、气候及其类型

“气候”一词来源于古希腊文，意为“倾斜”，指各地气候的冷暖同太阳光线的倾斜程度有关。气候是一个自然科学类名称，指一个地区大气的多年平均状况，与天气不同，气候具有一定的稳定性。按照世界气象组织（WMO）的规定，一个标准的气候计算时间为 30 年。气候通常用“冷、暖、干、湿”等特征来衡量，由某一时期的平均值和离差值表征。在所处纬度、海陆分布、地形地势、大气环流、洋流等因素的共同作用下，世界气候大致分为以下 12 种类型，见表 1 - 1。

表 1 - 1　　世界气候类型

所在温度带	气候类型名称	分布区域或规律	气候特征	自然景观
热带	热带雨林气候	赤道附近	全年高温多雨	热带雨林
	热带沙漠气候	南北回归线穿过的大陆西岸及内陆	全年高温少雨	热带荒漠
	热带草原气候	热带雨林气候的南北两侧	全年高温，分干、湿两季	热带草原
	热带季风气候	印度半岛和中南半岛	全年高温，分旱、雨两季（南亚地区分凉、热、雨三季）	热带季雨林
亚热带	亚热带季风和湿润气候	亚热带的大陆东岸	夏季高温多雨，冬季温和少雨	亚热带常绿阔叶林
	地中海气候	南北纬 30°～40°的大陆西岸	夏季炎热干燥，冬季温和多雨	亚热带常绿硬叶林
温带	温带海洋性气候	南北纬 40°～60°的大陆西岸	冬无严寒，夏无酷暑，一年中降水均匀	温带落叶阔叶林
	温带大陆性气候	亚欧大陆中部和北美洲	冬冷夏热，全年少雨	温带森林、温带森林草原、温带草原、温带半荒漠、温带荒漠
	温带季风气候	亚欧大陆温带地区的东部	夏季暖热多雨，冬季寒冷干燥	温带落叶阔叶林

续表

所在温度带	气候类型名称	分布区域或规律	气候特征	自然景观
—	高原山地气候	中低纬度的山地高原	自然景观以垂直变化显著，海拔越高气温越低	—
寒带	苔原气候	北冰洋沿岸	长冬无夏，暖季短暂，降水稀少	苔原
	冰原气候	格陵兰岛和南极洲	终年严寒，降水稀少	冰原

中国地域辽阔，包含热带季风气候、亚热带季风气候、温带季风气候、温带大陆性气候、高山高原气候等多个气候类型。

气候要素主要包括光照、气温、降水、风力等，其中降水是一个重要的气候要素，根据每个地区年降水量的差异，可划分为多雨地区、少雨地区、半干旱地区、干旱地区，见表1-2。

表1-2 不同地区年降水量差异 mm

地区	多雨地区	少雨地区	半干旱地区	干旱地区
年降水量	大于800	400～800	200～400	小于200

二、气候变化的历程

从长期看，地球上的气候是不稳定的，具有连续波动的性质。只有一系列波动长期向一个方向变化，并使自然地理环境等其他因素发生改变时，才算是气候变迁。《联合国气候变化框架公约》(United Nations Framework Convention on Climate Change，UNFCCC）将气候变化定义为“除自然原因引起的气候变化之外，由人类活动直接或间接地改变全球大气构成而导致的气候改变”。

由于有气候观测记录的年代较短，因此，在研究气候变迁时，经常要采用各种代用资料，从各个方面去寻找气候变迁的线索，推测各时期的气候。例如，万年以前的气候，主要依据地质资料复原，称为地质时期气候。一百多年前至几千年前的气候，主要依据考古资料、文史资料和树木年轮等，称为历史气候。地质时期气候和历史气候又合称为古气候。近百年的气候，一般有气象观测记录，称为现代气候。

气候形成及其变迁的原因，随时间尺度的不同而有差异。现代气候和历史气候的形成及其变迁主要是气候系统（包括大气、海洋、大陆、冰雪、生物圈等）内部振动的结果。地质时期气候形成及其演变的原因尚无定论。越来越多的事实证明，人类活动已对全球气候造成了显著的影响，但自然原因在当前仍被认为是大范围气候演变的主要原因。例如，气候的形成主要受太阳辐射、地理位置（经纬度和海拔高度）、距离海洋的远近以及地球运动、大气环流等影响。

气候与人类的生产、生活、文化、政治等有着非常密切的关系，许多国家很早就有关于气候现象的记载。联合国政府间气候变化专门委员会（Intergovernmental Panel on Climate

Change，IPCC）2021年8月发布了第六次评估报告，报告数据显示，2011—2020年全球地表平均温度比1850—1900年上升了1.09℃，比2014年第五次评估报告中发布的数据高了0.29℃。全球气温上升由自然因素和人类活动因素共同造成，其中1.07℃的温升是由人类活动产生的温室气体排放引发的。

三、气候变化的负面影响

1. 海平面上升

气候变暖引起南北极的冰川融化、海平面上升，例如格陵兰岛冰川正在加速融化，将来小型岛屿国家和沿海地带可能面临被淹没的风险。IPCC预测，如果全球排放持续不减，到2100年，海平面将上升1.01m（相对于1995～2014年的水平）。而且，海平面上升的速度越来越快，IPCC发现，在1901—1971年，海平面每年上升1.3mm，在1971—2006年，它每年上升1.9mm，在2006—2018年，它每年上升3.7mm。

2. 极端天气频发

第六次评估报告指出，人为因素导致的气候变暖与日益严重的极端天气之间的联系越来越强。干旱、洪水等极端天气的发生频率增加，频繁出现极端气温，打乱地球生物原有的生存节奏，还会给全球农业带来巨大的负面影响。自1950年以来，极端炎热、热浪、暴风雨等天气现象越来越频繁和剧烈，更多的碳排放会进一步降低土壤和海洋的固碳能力，温度上升则更严重。

3. 生态系统遭受破坏

气候变化使得全球生态系统遭到破坏，加速了动植物灭绝的进程，并形成恶性循环。IPCC第六次报告中第二小组发布的报告显示，气候变化已经对陆地、淡水、沿海和远洋海洋生态系统造成了巨大破坏和越来越不可逆转的损失。一项针对976种动植物的研究发现，47%灭绝动植物的灭绝原因与气候变化相关。例如，气候变化加速了澳大利亚野生白环尾负鼠的灭绝，导致哥斯达黎加受云林限制的金蟾蜍灭绝。在温度升高1.5℃时，所有陆地和淡水物种“面临极高灭绝风险”的比例可能会达到9%（最高14%），在温度上升2℃时上升到10%（最高18%），在温度上升3℃时上升到12%（最高29%）。昆虫（尤其是传粉媒介）、两栖动物和花卉在“中等变暖水平（即温度上升3.2℃时）”面临着最大的灭绝风险。

4. 火灾季节延长

全球普遍气温升高、干旱导致全球四分之一自然土地的火灾季节延长。有证据表明，自1980年代以来，人类活动造成的气候变化导致美国西部被野火烧毁的面积增加了一倍。频繁发生的火灾，导致森林大面积毁灭，碳排放大量增加，生态系统储碳数量大幅减少，从而引发不断加剧的恶性循环。

自2023年年初以来，加拿大魁北克省的森林大火已经烧毁了约16万 hm^2 的土地。2023年5月，加拿大的野火季节开始异常激烈，烟雾弥漫天空。到了6月初，魁北克省东部的许多地区爆发了大量新的森林火灾。截至6月5日，魁北克省有150多起森林大火正在活跃。

相关链接——《全球气候状况报告（2022）》速读

1. 全球基本气候概况

气温方面，2022年，全球大部陆地气温接近常年到偏高，其中亚洲北部、中亚、西亚东部、欧洲北部和西部、格陵兰大部等地偏高1℃以上，北美洲中部部分地区偏低1～2℃。全球年平均陆地气温较1850～1900年平均值偏高1.67℃，为1850年以来第四高。2022年全球月平均气温距平除12月偏低0.24℃外，其余月份均较常年同期偏高，其中10月气温距平为0.86℃。

降水方面，2022年全球年平均降水量较常年偏多，但空间分布差异大，东亚东北部、南亚西部、西亚东部和西南部、非洲东北部和南部、澳大利亚东南部等地偏多50%以上；非洲西北部、南美洲西部、澳大利亚西部偏少50%以上。

2. 全球海洋监测

2022年，全球大部分海域海表温度（Sea Surface Temperature，SST）接近常年或偏高，其中北太平洋中部偏高1.0℃以上，赤道中东太平洋SST较常年偏低。前一次拉尼娜事件于2021年春季结束后，2021年9月赤道中东太平洋再次进入拉尼娜状态，并于2022年1月达到拉尼娜事件标准。此次拉尼娜事件在2022年全年持续，于冬春季节异常发展，热带中东太平洋冷水中心值低于－1.0℃，随后Nino3.4区海温指数略有回升，但仍维持在－0.5℃以下。

3. 积雪和海冰监测

2022年，北半球和欧亚大陆积雪面积接近常年，中国积雪面积偏大。冬季中国和青藏高原积雪面积较常年同期分别增加26.07%和60.8%，位列历史第三和第二高值。3月、9月北极海冰范围较常年同期分别减少2.9%和12.7%；2月南极海冰范围较常年同期减少30.1%，为历史同期最小值，9月南极海冰范围较常年同期明显偏小，为历史同期第五小值。

4. 全球主要气象灾害及重大天气气候事件

2022年，全球气象灾害多发频发，主要表现为北半球夏季高温干旱以及全球区域性暴雨洪涝灾害。欧洲、中国、美国、日本、巴基斯坦和印度等地遭遇创纪录的高温热浪，其中英国、法国、罗马尼亚和中国等国遭受干旱，巴基斯坦、巴西、澳大利亚东部、印度、孟加拉国和韩国等地遭受严重暴雨洪涝。

(1) 暴雨洪涝。在亚洲地区，2022年6～8月，巴基斯坦频繁遭遇强降水袭击。巴基斯坦全国平均降水量6月偏多68%，7月偏多180%，8月偏多243%，其中7月和8月降水量均为1961年以来历史同期最多。8月7～11日，韩国首都圈遭遇极端暴雨事件。印度和孟加拉国在季风季节不同阶段也发生了严重洪水灾害。

在欧洲地区，9月15～16日，意大利中北部连降暴雨，马尔凯地区几小时的降水量就达到常年年降水量的一半。

在大洋洲地区，澳大利亚年降雨量比1961—1990年平均高25%，持续降雨导致大面积洪水泛滥，全年多次发生暴雨洪涝灾害事件。

在美洲地区，南美洲北部陆续发生暴雨洪涝灾害，巴西1～5月发生4次重大暴雨洪涝灾害事件。

在非洲地区，4月南非东部夸祖鲁—纳塔尔地区遭遇特大洪水，11～12日的24小时降水量高达311mm。6～10月，尼日利亚遭遇10年来最严重洪涝灾害。

(2) 高温热浪、干旱和野火。在亚洲地区，2022年4月下旬至5月上旬，印度和巴基斯坦遭遇异常高温，多地创下新的最高和最低温度纪录。6月，日本经历了自1875年有记录以来最严重的连续高温天气，6月25日群马县伊势崎市最高气温达到40.1℃，刷新了6月日本最高气温新纪录。6月13日至8月30日，中国中东部地区出现了大范围持续高温天气过程。此次高温事件持续79天，为1961年以来中国区域性高温过程持续时间最长。重庆北碚连续2天日最高气温达45℃。高温少雨导致中国长江流域气象干旱快速发展。8月18日至11月16日，中央气象台和国家气候中心联合发布气象干旱黄色、橙色预警90期。中国此次干旱过程影响遍及川渝至长江中下游地区，其过程强度、最大范围、单日最大强度和范围以及重旱、特旱站数比例等指标均为历史第1强（多）。

在欧洲地区，欧洲经历了有记录以来最热的夏季，法国、葡萄牙和西班牙经历了有记录以来最热的5月；6月，高温继续席卷欧洲多个地区，7～8月，高温天气持续，造成欧盟超半数地区处于干旱“预警”状态。

在北美地区，4月开始席卷南部平原的热浪一直持续到夏季。持续的高温导致美国中西部发生严重干旱，加利福尼亚州至少97%的土地处于严重干旱状态。

在非洲地区，北非地区和东非大部分地区在过去三至四年里一直处于干旱状态。2022年，东非经历了连续第4年干旱的雨季，导致多国遭遇40年来最严重干旱。

（3）严寒和大雪。2022年1月2～7日，冬季风暴从美国中部横扫到大西洋沿岸的大片地区。2月18～19日，强风暴“尤尼斯”袭击西欧等地，英国南部、英吉利海峡、北海南部、西欧及中欧北部沿海等地普遍出现8级以上大风，英国南部、英吉利海峡等地阵风超过12级。12月17～18日，莫斯科出现特大暴雪，降雪量达到莫斯科12月平均总降雪量的三分之一；积雪厚度达38cm，创当地同期最高纪录。12月下旬，“史诗级寒潮”席卷美国；23日，美国中西部局部地区最低温度降至−40℃以下，费城遭遇近20年来最寒冷的圣诞节。

（4）热带气旋。2022年，全球共生成40个热带气旋，数量和强度均低于历史平均水平。北大西洋、东太平洋和南印度洋的气旋活动接近正常，其他地区的气旋活动都低于正常水平，其中西太平洋连续3年低于正常水平。

在北大西洋，飓风“菲奥娜”于9月24日在加拿大登陆，成为加拿大近20年以来最强、造成损失最惨重的飓风。

在东太平洋，5月30日，飓风“阿加莎”在墨西哥登陆，是自1949年有记录以来5月袭击墨西哥沿岸最强的太平洋飓风。

在西太平洋，4月10日，台风“鲇鱼”在菲律宾登陆。9月6日，台风“轩岚诺”在韩国南部庆尚南道南岸登陆，是韩国历史上最强的台风之一。台风“奥鹿”在9月25日和28日分别登陆菲律宾和越南，给菲律宾以及东南亚造成了严重破坏。10月29日，台风“尼格”袭击菲律宾。

在南半球，马达加斯加受到前所未有的6次热带气旋影响。澳大利亚和西南太平洋地区的热带气旋活跃程度低于历史平均水平。

（5）强对流。在北美地区，据美国国家环境信息中心统计，2022年美国记录了1329次龙卷过程，高于1991—2020年美国年平均1225次龙卷风水平。

在亚洲地区，2022年中国共记录到25次龙卷风过程，包括中等强度以上龙卷风11次、强龙卷风6次，与前三年均值持平。5月14日，黑龙江五常市遭遇短时大风袭击，判定为弱到中等强度的龙卷风；7月台风“暹芭”影响期间，广东省记录到5个龙卷风发生；7月

20日和22日，黄淮江淮等地出现两次大范围强对流过程，极端性为入汛以来最强，江苏北部、河南东部先后出现5个龙卷风。据印度政府公布数据，2022年印度经历240场强对流天气过程，超过111次雷击事件发生。

第二节 气候变化与碳排放

一、气候变化的原因

引起地球气候变化的原因可归为自然因素和人为因素两大类。其中，人类生产生活排放的温室气体以及相应的温室效应是导致全球气候变化的重要原因，并且也是人类可以控制的因素。

温室气体是指大气中由自然或人为因素产生并释放的，能够吸收地球表面、大气和云层所辐射的红外谱段特定波长辐射的气体成分。温室气体主要包含水汽、二氧化碳、氧化亚氮、氟利昂和甲烷等温室气体，因为二氧化碳在所有温室气体中比例最高，所以成为减排的主要对象。

太阳短波辐射能够透过大气到达地面，但是地表受热后产生的大量长波热辐射却无法穿透大气且被大气所吸收，导致地表温度和低层大气温度升高，因其作用类似于农作物大棚，故称为“温室效应”，也称为“花房效应”或“大气效应”。温室效应可划分为自然温室效应和人为温室效应两类，其中，自然温室效应是一种自然现象，能够使地球表面温度维持在15℃，有利于动植物生存。但是，由于人类活动导致温室气体排放规模越来越大，引发全球气候变暖速度加快，引起了公众、学界和政府的高度重视。自1950年开始，由化石燃料燃烧导致的CO_2排放一直呈现快速增长的趋势。2019年，大气中CO_2浓度达到至少200万年以来前所未有的水平，甲烷和一氧化碳两种关键温室气体浓度也达到近80万年来最高水平。政府间气候变化委员会（IPCC）第四次评估报告认为，过去50年全球平均气温升高，90%以上与人类排放的温室气体有关。CO_2是重要的温室气体之一，气候变暖至少66%与人类活动排放的CO_2有关。要有效降低CO_2的排放，需要准确估算和判断碳排放的强度、绩效、影响因素等，从而有针对性地制定碳减排策略。

二、人类活动的碳排放

大气中的温室气体大部分来源于人类活动，其中，化石能源燃烧活动排放的CO_2占人类排放CO_2总量的75%，化石燃料消耗量与CO_2浓度两者增长趋势一致，煤含碳量最高，石油次之，天然气较低。化石能源开采过程中的煤矿坑气、天然气泄漏排放二氧化碳和甲烷；工业生产过程排放二氧化碳、氧化亚氮、氢氟碳化物、全氟碳化物、六氟化硫；水稻田、牛羊等反刍动物消化过程排放甲烷；废弃物处理排放甲烷和氧化亚氮等。同时，森林大量砍伐和森林大火导致热带森林损失的速度为每年$9\times10^6\sim24.5\times10^6 km^2$，绿色植物二氧化碳吸收量逐年减少，导致大气中的二氧化碳等温室气体浓度逐年增加。

三、全球变暖潜势

碳排放是指二氧化碳和其他温室气体的排放，是关于温室气体排放的一个简称。为了衡量各种温室气体对温室效应增强的贡献，需要使各种温室气体的辐射强度具有一致的、可比较的度量方法，一般按各温室气体的二氧化碳排放率折算为二氧化碳当量。温室气体二氧化碳当量等于给定气体的质量乘以它的全球变暖潜势。二氧化碳的全球变暖潜势值在各种温室气体中是最小的，但由于二氧化碳总体含量很高，其对全球变暖的总贡献在 50%以上，是最重要的温室气体（何艳秋等，2015）。因此，一般将“温室气体排放”简称为“碳排放”，将“温室气体排放核算”简称为“碳排放核算”。

全球变暖潜势（Global Warming Potential，GWP）是指某一给定物质在一定时间积分范围内与二氧化碳相比而得到的相对辐射影响值，用于评价各种温室气体对气候变化影响的相对能力。

政府间气候变化专门委员会（Intergovernmental Panel on Climate Change，IPCC）评估报告给出的全球变暖潜势值见表 1-3。IPCC 第二次评估报告中给出的 100 年时间尺度甲烷（CH_4）和氧化亚氮（N_2O）的全球变暖潜势分别为 21 和 310，即 1t 甲烷和氧化亚氮分别相当于 21t 和 310t 二氧化碳的增温能力，而 IPCC 第四次评估报告中给出相应值分别为 25 和 298。

表 1-3　政府间气候变化专门委员会评估报告给出的全球变暖潜势值

温室气体		IPCC 第二次评估报告值	IPCC 第四次评估报告值
二氧化碳（CO_2）		1	1
甲烷（CH_4）		21	25
氧化亚氮（N_2O）		310	298
氢氟碳化物（HFC_s）	HFC-23	11 700	14 800
	HFC-32	650	675
	HFC-125	2800	3500
	HFC-134a	1300	1430
	HFC-143a	3800	4470
	HFC-152a	140	124
	HFC-227ea	2900	3220
	HFC-236fa	6300	9810
	HFC-245fa	—	1030
全氟化碳（PFCs）	CF_4	6500	7390
	C_2F_6	9200	9200
六氟化硫（SF_6）		23 900	22 800

第三节　气候变化的应对主张

气候变化已成为当前世界各国面临的最紧迫的问题之一，气候变化的应对策略引发了国际社会的普遍关注。2022 年 1 月 25 日，习近平总书记在中央政治局第三十六次集体学习时发表重要讲话，强调要积极参与和引领全球气候治理。

在全球应对气候变化谈判过程中，不同国家利益集团有各自的主张。其中，欧盟在推进国际应对气候变化的各项行动中都表现得非常积极。以美国为首的伞形国家集团主张弹性机制，即对灵活机制不加任何限制，该集团主要包括美国、日本、加拿大、澳大利亚、新西兰、瑞士、挪威、冰岛、俄罗斯和乌克兰等。77 国和中国构成了发展中国家集团，主张"共同但有区别责任"的原则，提出设定排放贸易的上限值，同时要求发达国家有义务为发展中国家提供资金帮助和技术支持。小岛国集团由于受气候变化影响最为急迫，因此迫切需要各国加大温室气体减排的力度（庄贵阳，陈迎，2005）。本节主要梳理一下全球气候变化治理的发展历程（张海滨等，2022）。

一、联合国人类环境会议

联合国人类环境会议是讨论全球环境问题的第一次国际会议，也标志着全球环境治理正式拉开序幕。该会议于 1972 年 6 月 5 日至 16 日在瑞典首都斯德哥尔摩召开，由各国政府代表团及政府首脑、联合国机构和国际组织代表参加，会议通过了《联合国人类环境会议宣言》，简称《人类环境宣言》。会议的目的是警醒各国政府注意：人类的活动正在破坏自然环境，并给人类的生存和发展造成了严重威胁。在同年的第 27 届联合国大会上，把每年的 6 月 5 日定为"世界环境日"。

二、第一次世界气候大会

第一次世界气候大会于 1979 年在瑞士日内瓦召开，会上科学家警告称：大气中二氧化碳浓度增加将导致地球升温。气候变化首次作为受到国际社会关注的问题提上了议事日程，此后，国际社会积极努力，为应对全球气候变化采取了一系列的措施。

三、联合国政府间气候变化专门委员会

为应对气候变化，世界气象组织（WMO）和联合国环境规划署（UNEP）于 1988 年建立了政府间气候变化专门委员会（IPCC），该机构本身并不做任何科学研究，而是基于全面、客观、开放和透明的原则，对全球关于气候变化的最前沿科学、技术和社会经济信息进行评估，为世界各国政府制定气候政策决策提供重要的参考。IPCC 的报告力求确保全面、客观地反映现有各种观点，是后期联合国气候变化框架公约（UNFCCC）谈判的基础，报告结论具有很强的政策相关性，但是不具有政策指示性。IPCC 下设三个工作组和一个专题组，其中第一工作组评估气候系统和气候变化的科学问题，第二工作组评估社会经济体系和自然系统对气候变化的脆弱性、气候变化正负两方面的后果和适应气候变化的选择方案，第三工作组评估限制温室气体排放并减缓气候变化的选择方案。国家温室气体清单专题组负责 IPCC《国家温室气体清单》计划。

政府间气候变化专门委员会（IPCC）不定期发表系列评估报告，报告作者团队来自不同地区、发达国家和发展中国家，以确保报告不偏向任何一个国家或国家集团的观点，并且不忽视特定区域的重要问题。《第一次评估报告》发表于 1990 年，确认了气候变化问题的科学基础，促使联合国大会作出制定《联合国气候变化框架公约》的决定。《第二次评估报告》发表于 1995 年，为《京都议定书》谈判作出了贡献。《第三次评估报告》发表于 2001 年，包括有关"科学基础""影响、适应性和脆弱性"和"减缓"的报告，以及侧重于各种与政策有关的科学与技术问题的综合报告。《第四次评估报告》发表于 2007 年，由于气候变化越来越明显，因此该报告在世界范围内引起极大反响。《第五次评估报告》发表于 2014 年。2023 年 3 月 20 日，联合国政府间气候变化专门委员会第六次评估报告的综合报告《气候变化 2023》在瑞士因特拉肯发布。第六次评估报告（AR6）警告称"全球减缓气候变化和适应的行动刻不容缓，任何延迟都将关上机会之窗，让人们的未来变得不再宜居，不再具有可持续性”。该次报告也指出，人类活动对气候的影响是明确的，目前全球气温上升的速度是近 2000 年以来前所未见的。报告也表明，已经有多种可行且有效的选择可以减少温室气体排放并适应人为造成的气候变化，并且这些选择现在已经可用。

四、《联合国气候变化框架公约》

《联合国气候变化框架公约》（简称《公约》）是 1992 年 5 月 9 日联合国大会上通过的一项公约。1992 年 6 月 11 日，联合国环境与发展大会在巴西里约热内卢举行，该《公约》面向联合国各成员开放签署，1994 年 3 月 21 日正式生效。截至 2016 年 6 月，公约共拥有 197 个缔约方，每年举行一次缔约方大会。

《公约》包括序言和 26 条正文，具有法律约束力，终极目标是将大气温室气体浓度维持在一个稳定的水平。《公约》遵循“共同但有区别的责任”这一原则，对发达国家和发展中国家规定了差别化的义务以及履行义务的程序，见表 1-4。同时，该《公约》也建立了一个向发展中国家提供资金和技术，使其能够履行《公约》义务的机制。

表 1-4　《联合国气候变化框架公约》共同但有区别的责任原则

国家类型	义务以及履行义务的程序
发达国家	发达国家作为温室气体的排放大户，采取具体措施限制温室气体的排放，并向发展中国家提供资金以支付他们履行公约义务所需的费用
发展中国家	发展中国家只承担提供温室气体源与温室气体汇的国家清单的义务，制订并执行含有关于温室气体源与汇方面措施的方案，不承担有法律约束力的限控义务

《公约》为全球共同协作应对气候变化奠定了坚实的法律基础和制度框架，也意味着全球气候治理进入了一个崭新的时代。在《公约》所构建的框架下，1997 年达成了《京都议定书》，2015 年达成了《巴黎协定》，两者被认为是全球气候治理进程中的两个重大标志性成果。

五、《京都议定书》

1997 年通过的《京都议定书》全称为《联合国气候变化框架公约京都议定书》，是《联合国气候变化框架公约》的补充条款，标志着人类社会开始以实际行动积极应对气候变化。

《京都议定书》首次以国际法律性文件的形式，定量地确定了工业化国家温室气体排放的限额，即要求附件 B 缔约方以他们 1990 年的温室气体排放水平为基准，在 2008～2012 年期间将 CO_2、CH_4、N_2O、HFCs、PFCs、SF_6 等 6 种温室气体的排放量平均削减至少 5%。不同的国家承诺的削减幅度略有差异，其中欧盟和其他几个欧洲国家一起，将 6 种温室气体的排放量削减 8%，美国削减 7%，日本和加拿大削减 6%。同时，允许澳大利亚增加温室气体排放量 8%，挪威增加 1%，冰岛增加 10%，俄罗斯、乌克、新西兰等国可以维持各自 1990 年的排放水平。针对发展中国家，《京都议定书》没有规定明确的强制性减排目标，只是要求中国和印度等发展中国家制定自愿削减温室气体的目标。

《京都议定书》坚持“共同但有区别”的原则，规定发达国家应强制减排，而发展中国家则无须承担强制性减排任务，但是，因部分发达国家拒绝执行具体减排指标而难以实现预期效果。2009 年哥本哈根气候大会上，《京都议定书》第二承诺期（2013 年 1 月 1 日开始至

2020 年 12 月 31 日）并没有形成有约束力的目标，美国、加拿大、日本、俄罗斯等退出《京都议定书》，使得国际气候治理合作进入低谷，最后只达成了无法律约束力的《哥本哈根协议》。

六、《巴黎协定》

2015 年 12 月，《联合国气候变化框架公约》第 21 次缔约方大会召开，195 个缔约国一致同意并签署了《巴黎协定》，目的是对 2020 年以后的全球气候治理问题进行制度性安排，标志着全球气候治理进入新阶段。

《巴黎协定》指出，各方将加强对气候变化的全球应对，把全球平均气温上升控制在工业化前水平的 2℃之内，并力争把升温控制在 1.5℃之内。全球将尽快实现温室气体排放达峰，在 21 世纪下半叶实现温室气体净零排放。

《巴黎协定》采取了缔约的方式，各方将以“自主贡献＋盘点”的方式，自下而上地参与全球应对气候变化行动，体现了减排义务的差异性和自主性。发达国家将继续带头减排，同时加大对发展中国家减排活动的资金和技术支持，协助发展中国家减缓和适应气候变化。从 2023 年开始，每 5 年将对全球应对气候变化行动的总体情况开展一次盘点，加强各国对气候问题的重视和国际合作，助力全球应对气候长期目标的顺利达成。

思考题

1. 气候变化与碳排放之间有什么关系？
2. 全球各国为应对气候变化采取了哪些行动？
3. 《京都议定书》在全球应对气候变化问题上取得了哪些成就？

第二章　碳排放核算方法学

第一节　碳排放现状

一、全球碳排放现状

1. 全球碳排放变化历程

世界的碳排放在不同历史时期呈现出的趋势和结构各有特点。1860 年至 20 世纪中叶，第一次工业革命和第二次工业革命带来的技术革新促进了内燃机和电气化的广泛应用，在新技术的带动下经济快速发展，但也加大了对煤炭、石油等能源的消耗，导致了碳排放总量的持续增加。进入 21 世纪的前 10 年，由于以中国为代表的发展中国家经济的崛起，全球碳排放增长迅速。但随着全球极端气候频发，应对气候变化成为全球共识，世界各国加大力度对本国温室气体排放进行管理控制。自 2010 年后，全球碳排放总量出现了增速放缓的趋势。2019 年，世界碳排放出现了阶段性转折，增速接近于零。虽然世界碳排放总量放缓，但受多重因素影响，碳排放增速仍在波动。

政府间气候变化委员会（IPCC）研究指出：工业革命以来，人类经济活动所产生的二氧化碳排放量占全球二氧化碳排放总量的 95%以上。根据英国 BP 石油公司的数据，1965 年以来，世界二氧化碳排放量大致可以分为几个阶段。

第一阶段：1965 年至 1979 年。全球二氧化碳排放从 1965 年的 111.9 亿 t 增加到 1979 年的 185 亿 t。但在 1973 年至 1975 年，因为第一次石油危机导致碳排放总量小幅下降。石油危机过后，世界的碳排放又基本恢复了以往的增速。

第二阶段：1980 年至 2000 年。1979 至 1983 年，发生了伊朗革命以及后来的两伊战争，世界能源供应再次紧张，碳排放总量出现了小幅回落，维持在 180 亿 t 左右。随着两伊战争的结束到 2000 年之前，世界碳排放总量仍在扩张，但增速明显慢于上一阶段，从 1983 年的 181 亿 t 增加到 2000 年的 236 亿 t。

第三阶段：2001 年至 2008 年。在这个阶段，世界碳排放再次进入加速增长通道，总量从 239 亿 t 增至 303 亿 t，平均增速 3.4%。

第四阶段：2009 年以后。在这一阶段，2008 年爆发于美国的次贷危机迅速波及全球，导致世界经济停滞。全球经济出现了严重下滑，全球碳排放量也出现了短暂的下降。世界经济于 2010 年开始走出困局，从 2010 年至 2019 年，世界碳排放从 310.28 亿 t 增加到 2019 年的 340.95 亿 t，增长了 9.9%，年均增速下降到 1.1%，碳排放进入新的低增长周期。2020 年，全球经济严重衰退，碳排放量下降至 320.7 亿 t，但 2021 年，随着经济的好转，全球碳排放量又回升到 338.8 亿 t。未来碳排放量的变化趋势将取决于多种因素。

全球碳排放量及增长速度情况见图 2-1 和表 2-1。

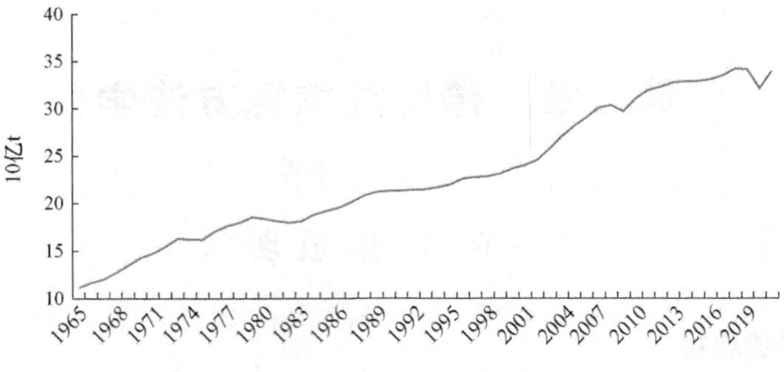

图 2-1　全球碳排放量

表 2-1　全球碳排放总量及同比增速

时间（年）	全球碳排放（亿 t）	全球碳排放增速（%）
1973	163.35	5.6
1975	162.17	−0.2
1979	185.64	3.2
1997	227.27	0.7
2000	236.41	2.4
2001	239.66	1.4
2008	303.29	0.9
2010	210.29	4.6
2019	340.96	−0.2
2020	320.79	−5.9
2021	338.84	5.6

2. 全球碳排放的空间格局

世界各国碳排放现状和排放前景存在较大差异。总体上，由于经济发展阶段的巨大差异，欧洲国家、美国等发达经济体由于早已完成工业化进程，步入后工业化时代，因此碳排放早已在 20 世纪 80 年代达峰，并在随后保持平稳，而以中国为代表的新兴经济体碳排放仍处在攀升阶段。“金砖国家”中的中国、印度、俄罗斯的碳排放量分别位居全球第 1 位、第 3 位和第 4 位。图 2-2 中，亚太地区碳排放量在进入 21 世纪后上升趋势明显，而其走势基本与中国碳排放量的趋势一致，而欧洲和美国的碳排放量整体上呈下降趋势（BP plc，2022）。

以 2020 年为例，亚太地区、北美、欧洲、中东、独联体、非洲、中南美二氧化碳排放量占全球二氧化碳排放量的 52.39%、16.59%、11.23%、6.33%、6.19%、3.74%、3.53%，见图 2-3。

2020 年全球碳排放量前 10 名的国家见图 2-4。从单个年份看，中国是目前世界上温室

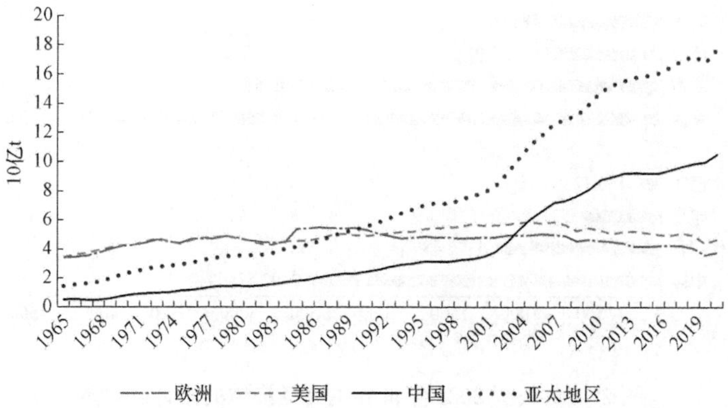

图 2-2 世界主要国家地区碳排放趋势图

气体排放最多的国家，占比约 30.93%；其次是美国和印度，占比分别约为 13.86%和 7.19%。中国排放的二氧化碳规模超过美国、欧洲的年度总和，这使得中国在应对全球气候变化中备受国外关注和期待。

从温室气体的历史累计排放量来看，美国排名第一。美国自 1800 年起的累计温室气体排放达到了 4219.07 亿 t。中国由于历史上长期处于农耕社会，其温室气体排放非常低，可以忽略不计。中国的碳排放从 1900 年开始统计，累计碳排放到 2021 年为 2493.53 亿 t，是美国的一半，但超过了欧盟，而且与欧盟的累计排放距离越来越远，与美国的距离越来越近。排在第三位的是欧盟 27 国，其碳排放从 1792 年至 2021 年累计达到了 2440.53 亿 t。2021 年世界主要经济体的累计碳排放见图 2-5。

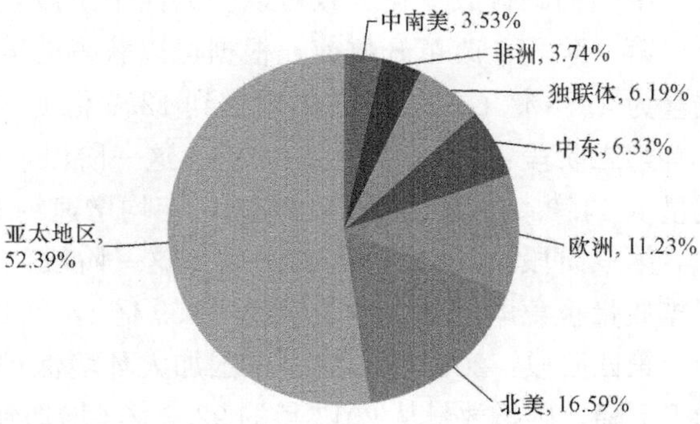

图 2-3 2020 年全球各地区碳排放量

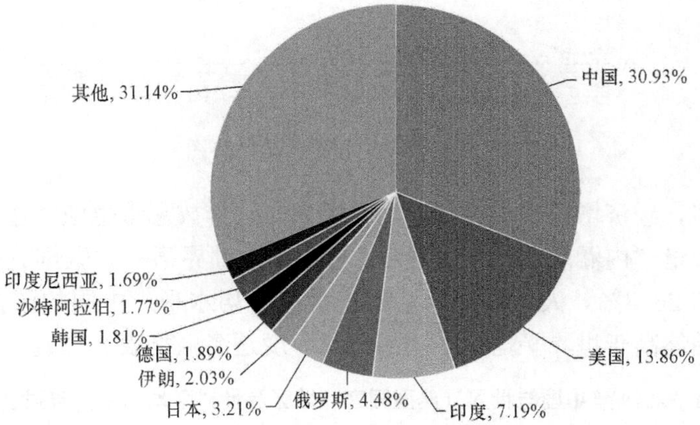

图 2-4 截至 2020 年全球碳排放量前 10 名国家

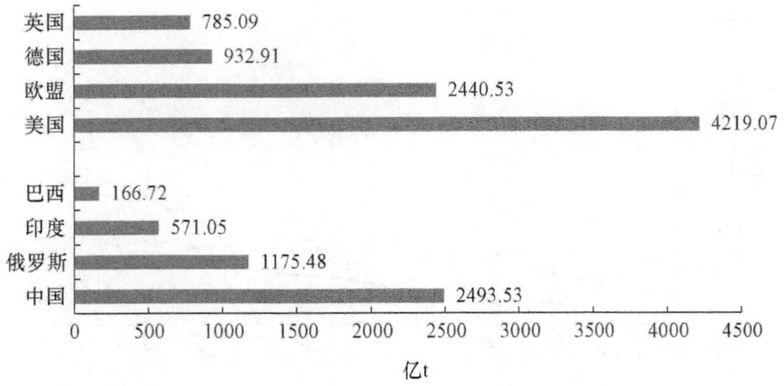

图 2-5 截至 2021 年世界主要经济体的累计碳排放

二、中国碳排放现状

中国的碳排放变化大致可以分为四个阶段，见图 2-6（BP plc，2020）。

第一阶段：改革开放前。根据可以获得的英国 BP 公司的数据，1965 年中国二氧化碳排放量为 4.88 亿 t，到 1977 年增加到 12.9 亿 t，年均增速约 8.45%。

第二阶段：1978 年至 2000 年。这一阶段，中国经济取得举世瞩目的成就，二氧化碳排放量从 14.2 亿 t 增加到 33.3 亿 t，年均增速约 3.95%，比改革开放前更加平缓。

第三阶段：2001 年至 2012 年。这一阶段，中国经济特别是重化工业迅猛发展，二氧化碳排放量也急剧增加，2001 年为 34.9 亿 t，2012 年为 89.8 亿 t，年均增速 8.97%。

第四阶段：2013 年以后。中国加大环境保护力度，大力推行节能减排措施，碳排放增速趋于下降，碳排放量从 2013 年的 92.2 亿 t 增加到 2021 年的 105.2 亿 t，年均增速 1.67%。

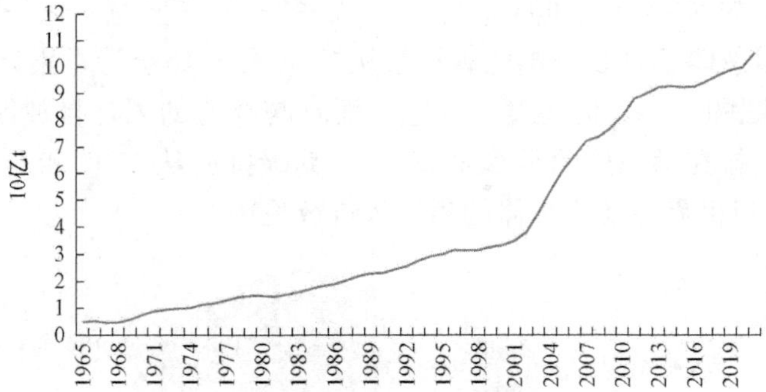

图 2-6 中国碳排放量趋势图

我国人口众多，经济增长较快，能源消耗巨大，碳排放总量也随之逐年增大，其中还包含着出口产品的大量“内涵能源”。2011 年，中国成为世界第一大碳排放国，碳排放总量占世界碳排放总量的 26.8%，人均碳排放量超过世界平均水平。中国的碳排放强度虽然呈现下降趋势，但是始终高于世界平均水平，甚至比印度还高（见表 2-2）。

表 2-2 1991—2019 年中国与世界（典型国家、地区及世界平均水平）碳强度比较

kg/PPP 美元 GDP

比较对象	1991	1996	2001	2006	2011	2016	2019
美国	0.781	0.653	0.543	0.409	0.332	0.261	0.225

续表

比较对象	1991	1996	2001	2006	2011	2016	2019
日本	0.427	0.391	0.329	0.277	0.262	0.226	0.202
欧盟	0.539	0.445	0.343	0.275	0.205	0.161	0.128
中国	1.829	1.224	0.865	0.840	0.670	0.527	0.456
印度	0.554	0.466	0.402	0.408	0.313	0.283	0.257
世界	0.691	0.570	0.477	0.402	0.345	0.293	0.260

注　PPP 指购买力平价。

根据经济发展与碳排放是否脱钩的标准，可将中国主要城市做如下划分，见表 2-3。

表 2-3　中国主要城市双碳特点分类分析

类别	城市	特点
一类城市	深圳、北京、广州、厦门、上海、杭州	已脱钩：已基本实现经济增长与碳排放脱钩，呈现已达峰态势
二类城市	重庆、长沙、南昌、青岛、成都、福州、贵阳、合肥、海口、武汉、天津、南京、西安、南宁	在脱钩：碳排放增速明显慢于 GDP 增速，处于脱钩期，有望“十四五”达峰
三类城市	郑州、长春、兰州、沈阳、昆明、宁波、西宁、济南、哈尔滨、太原、石家庄、大连	待脱钩：还没有出现碳排放与 GDP 脱钩的迹象，重工业比重高
四类城市	乌鲁木齐、银川、呼和浩特	能源基地：经济发展相对依赖高碳排放的能源产业

三、影响碳排放的因素

要找到减少碳排放的有效措施，需要首先探寻二氧化碳排放的驱动或影响因素。关于此方面的研究方法也较多，有对数平均权重 Divisia 分解法（LMDI）、指数分解法（IDA）、Kaya 恒等式和 STIRPAT 模型等。其中 STIRPAT 模型是 York 等人在传统的 IPAT 模型基础上改进而来的，对数平均权重 Divisia 分解法（LMDI）的使用则不以投入产出表的数据为依托，在具体分析中更加实用，这两种方法在实证中最为常见。

此处介绍最基础的 Kaya 恒等式（也称茅阳恒等式）方法。Kaya 恒等式可以一般性地表示为

$$CO_2 = POP \times \frac{GDP}{POP} \times \frac{TOE}{GDP} \times \frac{GHG}{TOE} = p \times g \times e \times f \qquad (2-1)$$

其中，CO_2为二氧化碳排放，GDP 为经济规模，TOE 为能源消费量，POP 为人口规模，GHG 为温室气体排放量；p 为人口规模，g 为人均 GDP，e 为能源消费强度（单位 GDP 的能源消费量），f 为能源结构强度（能源消费的综合碳排放系数）。

由 Kaya 恒等式可知，人们可以从人口数量变化率、人均 GDP 水平变化、能源强度变化和能源消费的综合碳排放水平的变化等方面，探寻影响二氧化碳排放的因素。

1. 人口数量

人口数量激增会提高能源消费总量，所以人口快速集聚地区的碳排放量也会相应增加。

研究表明，我国北京、上海、广东等地区，人口变动对碳排放变化的贡献率远远高于全国平均水平。

2. 经济发展水平

实践表明，碳排放的增长主要受经济发展因素驱动。一方面，人均收入的提高，必然会提高人们的消费水平，如电力消费、石油消费和住房消费等。另一面，人均收入水平的提高不仅需要相当的经济生产规模来支撑，同时也拉动了相关行业的投资与生产，比如电力、石油化工、水泥、玻璃、钢铁等行业。例如，我国东部沿海地区人均 GDP 大致是中西部地区人均 GDP 的 3 倍，虽然东部地区人口只有中西部人口总数的 63%左右，但是二氧化碳排放量东部是中西部之和的 90%左右。

3. 能源强度因素

能源强度的降低，实质上就是技术进步的体现。我国 1995—2010 年多数地区能源强度的变化率为负数，即我国大部分地区能源效率普遍得到了提高，反映出我国在开展节能减排、提高能源利用效率方面取得了一定效果。另外，我国地区间的能源强度差距相当大，以 2007 年为例，能源强度最高（高于 3.0t 标准煤/万元地区生产总值）的地区有宁夏、青海、贵州，能源强度最低（低于 0.9t 标准煤/万元地区生产总值）的地区有北京、广东、浙江、上海、江苏，能源强度最高的地区是最低地区的约 4.5 倍。

4. 能源结构因素

能源结构决定了国家能源消费的综合碳排放水平，有实证分析表明，我国大多数省区市能源消费的综合碳排放水平仍然呈现增长趋势。虽然我国可再生能源比重逐年增长，但是以煤炭为主的能源供给消费结构仍然没有改变。2022 年，我国清洁能源生产量初步预估达 11.98 亿 t 标准煤，占国内一次能源生产总量比例为 26.9%；全国清洁能源发电量为 2.54 万亿 kWh，同比增长 5.3%，占全国总发电量比例为 30.26%。

第二节 碳排放核算方法

自 1992 年《联合国气候变化框架公约》在里约热内卢通过并在 1994 年生效以后，缔约方就必须定期提交专项报告，说明温室气体排放信息，并说明为实施《公约》所执行的计划及具体措施。于是，碳排放核算成为全球热点，诞生了各个层次的核算方法，其中由政府间气候变化专门委员会（IPCC）制定的《1999 年 IPCC 国家温室气体清单指南》，成为各种核算方法的基础。

此部分主要介绍基于领土边界、基于生产侧和基于消费侧这三大类碳排放核算方法。

人类活动所产生的碳排放范围涉及能源活动、工业生产、农业、林业和土地利用、废弃物处理等领域，这五大领域排放源的具体核算是整个核算工作的基础。碳排放核算的对象即是人类活动产生的碳排放量和清除量，涉及上述五大领域的碳排放和吸收。碳排放核算方法所考虑的温室气体种类主要为《京都议定书》中的六种温室气体：二氧化碳、甲烷、氧化亚氮、氢氟碳化合物、全氟碳化合物及六氟化硫。这六种温室气体来源不同。二氧化碳是最主要的温室气体，主要来源能源活动、工业生产过程和废弃物处理过程，土地利用变化和林业会吸收二氧化碳，从而降低二氧化碳的排放量。甲烷主要来自于能源活动、工业生产过程、农业活动、废弃物处理、土地利用变化和林业。氢氟碳化合物、全氟碳化合物和六氟化硫主要来自工业生产过程。

现实中，针对不同核算对象有不同的核算要求，但总体上都涉及核算范围、内容、方法以及数据来源等。因此，核算范围、核算内容、核算方法、数据来源及其统计方法共同构成碳排放核算方法学体系的四大基本要素。

一、基于领土边界的碳排放核算方法

领土边界核算方法的主要依据是IPCC制定的《1996年IPCC国家温室气体清单指南》（以下简称IPCC1996指南），包括“在该国拥有管辖权的国家（包括管理）领土和近海区域内发生的排放和清除”，即核算内容包括区域领土边界范围内的本地生产和居民活动导致的碳排放，其核算内容包括能源活动、工业生产过程、农业、林业和土地利用、废弃物处理等领域的排放，但不包括国际交通排放，比如国际航班、邮轮。

基于领土边界的核算方法，是生产侧和消费侧核算方法的基础。具体核算过程中一般用到排放因子法、物料平衡法和实测法这三个核算方法，其中，排放因子法因其简单便捷，运用得最为广泛。

1. 排放因子法

排放因子法（Emission Factor Approach）也称排放系数法，是IPCC提出的第一种温室气体排放估算方法，广泛应用于能源消费、工业过程、农业生产等各个领域的碳排放核算，是国内外清单编制的主要依据。其基本思路是依照温室气体排放清单列表，针对每一种排放源构造其活动水平数据（Activity Data）与排放因子（Emission Factor），以活动水平数据和排放因子的乘积作为该排放项目的温室气体排放量估算值，再依据全球变暖潜势将温室气体排放量换算成碳排放当量。其中，活动水平数据是指与温室气体排放直接相关的单个排放源的具体使用和投入数量，如某种化石燃料燃烧量、工业产品生产量等；排放因子是单位某排放源使用量所释放的温室气体排放量；全球变暖潜势是某种温室气体与二氧化碳相比的相对辐射影响值，可见上一章相关内容。

具体计算公式为

$$E_{GHG_i} = AD_i \times EF_i \tag{2-2}$$

$$E_{iCO_2} = E_{GHG_i} \times w_i \tag{2-3}$$

$$E_{CO_2} = \sum_i (E_{GHG_i} \times w_i) = \sum_i (AD_i \times EF_i \times w_i) \tag{2-4}$$

其中，i为第i种温室气体，包括二氧化碳、甲烷、氧化亚氮、含氟气体等；E_{GHG_i}为第i种温室气体的排放量；E_{CO_2}为二氧化碳排放（当）量；AD为活动水平数据；EF为排放因子；w为全球变暖潜势。式（2-2）核算了温室气体的排放量，式（2-3）通过全球变暖潜势将第i种温室气体排放量转换为二氧化碳当量（Carbon Dioxide Equivalent，CO_2e），式（2-4）是将式（2-2）代入式（2-3）并对所有温室气体加总得到。

计算中用的活动数据主要来自国家相关统计数据、排放源普查和调查资料、监测数据等；排放因子可以采用IPCC报告中给出的缺省值（即依照全球平均水平给出的参考值），也可以根据实际需要采用国内外各检测或研究机构的研究结果（刘明达等，2014），获取途径见表2-4。

表 2-4 排放因子数值获取来源

文献类别	出处	备注
IPCC指南	IPCC网站	提供普适性的缺省因子
IPCC排放因子数据库（Emission Factors Data Base）	IPCC网站	提供普适性缺省因子和各国实践工作中采用的数据
国际排放因子数据库：美国环境保护署（USEPA）	美国环保署网站	提供有用的缺省值或可用于交叉检验
EMEP/CORINAIR排放清单指导手册	欧洲环境机构网站（EEA）	提供有用的缺省值或可用于交叉检验
《温室气体核算方法与报告核算指南（试行）》	国家发展和改革委员会	对24个行业给出了对应的排放因子推荐值
来自经同行评议的国际或国内杂志的数据	国家参考图书馆、环境出版社、环境新闻杂志、期刊	较为可靠和有针对性，但可得性和时效性较差
其他具体的研究成果、普查、调查、测量和监测数据	清华大学等研究机构	需要检验数据的标准性和代表性

根据排放因子的精确程度，碳排放核算方法可分为三个层次：层次1采用IPCC缺省排放因子，层次2采用特定国家或地区的排放因子，层次3采用具有当地特征的排放因子。层次3精确程度最高，但成本也高，而且会涉及地区之间的可比性问题。表2-5列举了部分排放因子值。

表 2-5 IPCC指南与省级指南中部分燃料品种的排放因子值对比

燃料品种	IPCC缺省值（tCO_2/t 或 $tCO_2/万\ m^3$）	省级清单值（tCO_2/t 或 $tCO_2/万\ m^3$）
无烟煤（Anthracite）	1.92	1.97
褐煤（Lignite）	2.12	2.06
焦炭（Coke）	3.04	2.84
原油（Crude Oil）	3.07	3.02
柴油（Diesel Oil）	3.16	3.12
天然气（Natural Gas）	21.84	21.62

2. 物料平衡法

物料平衡法（Mass-Balance Approach）也叫质量平衡法或物料衡算法，其基本原理是质量守恒定律，即输入系统的物料质量必定等于该系统输出物料的质量。当物料平衡法应用在碳排放量的核算时，取一定时期内燃料的碳平均含量和灰烬中的碳平均含量，根据差值计算碳排放量。

该方法是把工业排放源的碳排放量、生产工艺和资源（原材料、能源）的综合利用结合起来，系统地、全面地研究生产过程中碳排放的一种科学有效的计算方法。物料平衡法既适用于整个生产过程，也适合于局部生产过程。目前，该方法可以应用于那些将化石能源既作为燃料又作为生产原料的行业，例如化工行业、钢铁行业。该方法的优势是可反映温室气体排放发生地的实际排放量，不仅能够区分各类设施之间的差异，还可以分辨单个和部分设备之间的区别，尤其当年际间设备不断更新的情况下，该种方法更为简便。该方法的最大劣势在于需要搜集详细的工业生产过程数据，仅适合数据基础较好的行业（企业）采用。

3. 实测法

实测法（Experiment Approach）可通俗地理解为实地测量法，是基于排放源的现场实测基础数据，进行汇总从而得到相关温室气体排放量，也是通过相关部门的连续计量设施测量二氧化碳排放的浓度、流速以及流量，并使用国家认可的测量数据基础上来核算二氧化碳排放量的方法。实测法进一步可分为抽样分析法和在线实时监测法。其中，抽样分析法需要样本具备代表性，否则计算的数据缺乏真实性；而在线实时监测法理论上可以准确计算碳排放量，并保证数据的客观性。现实中一般是将现场采集的样品送到指定检测部门，通过指定检测设备进行定量分析。其中样品是对检测环境要素的总体而言，若采集的样品缺乏代表性，尽管测试分析准确，也是毫无意义的。实测法适用于计算碳排放较连续稳定的排放口的碳排放量的核算，如火电厂企业废气处理设施的出口以及水泥企业的废气处理口中温室气体排放量的核算。1997 年，经济合作与发展组织（OECD）指出该方法结果精确、中间环节少，但缺点是数据获取相对困难，成本较大。

4. 三种方法的对比

上述三种方法各有优劣，因时因地选取合适的方法或是方法的结合常常能提高结果的精确性。排放因子法计算简单、权威性高、应用广泛、国际通用且适用范围广，但其因各地的生活方式、生产及条件存在差别，核算得到数据的准确度低于其他方法，同时碳排放因子的不确定性也导致较大的风险。

物料平衡法总体而言计算准确度高、工作量较低、适用于宏观和中观层面，但它需要有完备的基础数据记录，对区域统计数据质量要求较高。

实测法计算准确度最高，适用于微观，但需要对二氧化碳进行单独连续监测，成本相当高，监测范围有限，数据获取难度大。三种方法的优劣对比见表 2-6。

表 2-6　　基于领土边界的碳排放核算方法对比

类别	优点	缺点	适用尺度	适用对象	应用现状
排放因子法	①简单明确易于理解；②有成熟的核算公式和活动数据、排放因子数据库；③有大量应用实例参考	对排放系统自身发生变化时的处理能力较质量平衡法要差	宏观、中观、微观	社会经济排放源变化较为稳定，自然排放源不是很复杂或忽略其内部复杂性的情况	①广为应用；②方法论的认识统一；③结论权威

续表

类别	优点	缺点	适用尺度	适用对象	应用现状
质量平衡法	明确区分各类设施设备和自然排放源之间的差异	需要纳入考虑范围的排放的中间过程较多，容易出现系统误差，数据获取困难且不具权威性	社会经济发展迅速、排放设备更换频繁，自然排放源复杂的情况	宏观、中观	①方法论认识尚不统一；②具体操作方众多；③结论需讨论
实测法	①中间环节少；②结果准确	数据获取相对困难，投入较大，受到样品采集与处理流程中涉及的样品代表性、测定精度等因素的干扰	微观	小区域、简单生产链的温室气体排放源，或小区域、有能力获取一手监测数据的自然排放源	①应用历史较长；②方法缺陷最小但数据获取最难；③应用范围窄

二、基于生产侧和消费侧的碳排放核算方法

生产侧碳排放核算法（Production - based CO_2 Emissions Inventory ）是指按照“生产者承担原则”来核算各国碳排放，即一个国家的产出无论是用于国内最终消费还是出口，其生产过程中的碳排放责任将完全由该生产国承担。该方法具有统计制度较完备、基础数据可获得性强等优点，但是，由于国际、区域贸易碳排放的存在，生产侧碳排放核算可能导致一国或者区域为满足其消费需求，通过从另一个国家或者区域进口碳密集型产品、转移高碳密集产业来减少本国或者本地区碳排放，即发生所谓的“碳泄漏”现象。可见，生产侧碳排放核算方法对净碳出口国家、区域不公平。

消费侧碳排放核算法（Consumption - based CO_2 Emissions Inventory）是指按照“消费者承担原则”来核算各国碳排放，即从商品消费（而非能源消费）角度对一个国家或区域的二氧化碳排放量进行核算，是用一个国家、区域的经济贸易取代地域限制，从而解决国际、区域贸易的分配问题。该方法从最终需求角度核算国家或地区的碳排放，并考虑了产品跨区域流动隐含碳排放和消费地的减排责任，充分体现消费者减排责任，有利于弱化“碳泄漏”问题，因而更加具有公平性。

生产侧碳排放核算和消费侧碳排放核算方法都是基于投入产出表来核算国家或产业层面碳排放量以及分析其影响因素的方法。投入产出法（input - output，I - O）是瓦西里·里昂惕夫（Wassily Leontief）创建的研究经济体系中各部分之间投入与产出相互依存关系的数量分析方法，由于其直观、简明，被广泛应用于各产业的碳排放量估算，也是目前测算隐含碳的主流方法。当前，投入产出模型可分为单区域投入产出模型和多区域投入产出模型：单区域投入产出模型更适合分析碳排放对一个国家或区域产生的影响，而多区域投入产出模型则考虑了区域间的投入产出关系，故更适合分析碳排放对多个国家或多区域产生的影响，与现实更为接近，但是多区域需要多国的投入产出分析表，实际操作具有困难性。

投入产出表是一张体现一定时期（通常为一年）内，区域间（区域内）各产业部门的投入来源及其产品去向的表格。它反映了社会各部门产品及技术结构在生产、分配、消费、使用过程中以及产品的价值形成过程中的相互依存、相互制约的数量经济关系。

先介绍多区域投入产出表（Multi - Regional Input - Output，MRIO）。表 2 - 7 是一张多区域投入产出表，区域内（单区域）投入产出表可以在此基础上简化得到。

投入产出表中存在几组重要的平衡关系：按行看，总产出等于中间投入与最终使用之和。总产出表示经济系统各部门在一定时期创造的总价值，反映生产活动总规模；中间投入表示生产活动中消耗和使用的非固定资产货物和服务的价值；最终使用指本期退出生产活动并为最终需求所消耗的货物和服务的价值，最终使用包含本地居民和政府最终消费、资本形成总额与出口。按列看，总投入等于中间投入与初始投入（增加值）之和。总投入指经济系统各部门进行生产活动的总投入和增加值；中间投入指各部门在生产产品或提供服务中的资源消耗；初始投入（即增加值）指各部门在生产过程中所创造的新价值或固定资产的转移价值。按行加总的总产出等于按列加总的总投入。

表 2-7　　多区域投入产出表

投入/产出			中间使用			最终使用			总产出
			区域 1	…	区域 m	区域 1	…	区域 m	
			部门 1…部门 n	…	部门 1…部门 n				
中间投入	区域 1	部门 1	x_{11}^{11} … x_{1n}^{11}	…	x_{11}^{1m} … x_{1n}^{1m}	Y_1^{11}	…	Y_1^{1m}	X_1^1
		…	⋮ ⋱ ⋮	…	⋮ ⋱ ⋮	⋮	…	⋮	⋮
		部门 n	x_{n1}^{11} … x_{nn}^{11}	…	x_{n1}^{1m} … x_{nn}^{1m}	Y_n^{11}	…	Y_n^{1m}	X_n^1
	⋮	⋮	⋮	⋮	⋮	⋮	⋮	⋮	⋮
	区域 m	部门 1	x_{11}^{m1} … x_{1n}^{m1}	…	x_{11}^{mm} … x_{1n}^{mm}	Y_1^{m1}	…	Y_1^{mm}	X_1^m
		…	⋮ ⋱ ⋮	…	⋮ ⋱ ⋮	⋮	…	⋮	⋮
		部门 n	x_{n1}^{m1} … x_{nn}^{m1}	…	x_{n1}^{mm} … x_{nn}^{mm}	Y_n^{m1}	…	Y_n^{mm}	X_n^m
初始投入/增加值			V_1^1 … V_n^1	…	V_1^m … V_n^m				
总投入			X_1^1 … X_n^1	…	X_1^m … X_n^m				

根据投入产出表中的行平衡关系，建立 m 个区域 n 个部门的投入产出行模型。对 r 区域 s 部门的行平衡关系可以表示为

$$\sum_{p=1}^{n}\sum_{q=1}^{m} x_{sp}^{rq} + \sum_{q=1}^{m} Y_s^{rq} = X_s^r (r = 1,2,\cdots,m; s = 1,2,\cdots,n) \tag{2-5}$$

其中，x_{sp}^{rq} 为 r 区域 s 部门生产的用于满足 q 区域 p 部门再生产过程中消耗的产品或服务；Y_s^{rq} 为 r 区域 s 部门生产的用于满足 q 区域最终消费的产品或服务；X_s^r 为 r 区域 s 部门的总产出。

对于所有区域和部门，可以得到投入产出模型的矩阵形式为

$$\boldsymbol{X} = \boldsymbol{A} \cdot \boldsymbol{X} + \boldsymbol{Y} \tag{2-6}$$

$$\boldsymbol{Y} = \sum_{i=1}^{m} Y_i \tag{2-7}$$

令 $\boldsymbol{I}$ 表示单位矩阵，$\boldsymbol{L} = (\boldsymbol{I} - \boldsymbol{A})^{-1}$ 为里昂惕夫（Leontief）逆矩阵，则 $\boldsymbol{X} = \boldsymbol{A} \cdot \boldsymbol{X} + \boldsymbol{Y}$ 可以表示为

$$\boldsymbol{X} = \boldsymbol{L} \cdot \boldsymbol{Y} \tag{2-8}$$

其中，$\boldsymbol{X}$ 为 $mn \times 1$ 维最终产出列向量，其元素为 $\boldsymbol{X}_s^r$；$\boldsymbol{Y}_i$ 为 $mn \times 1$ 维列向量，表示区域 i 的

最终使用列向量；**A** 为 $mn \times mn$ 维直接消耗系数矩阵，其元素 α_{sp}^{rq} 表示 q 区域 p 部门单位产值对 r 区域 s 部门产品的消耗

$$\alpha_{sp}^{rq} = x_{sp}^{rq} / X_p^q \tag{2-9}$$

而消费侧碳排放遵从“消费者原则”，指为了满足一个国家的最终需求而引致的碳排放，在此原则下，满足其他国家最终需求的碳排放应计算在消费国而非生产国。不考虑消费者责任的碳排放核算容易导致“碳转移”“碳泄漏”等跨国界的外部性问题。为了核算消费侧碳排放，首先需要建立国家之间的多区域投入产出模型；然后令 $\bar{\boldsymbol{Y}} = [Y_1, Y_2, \cdots, Y_m]$，则可得

$$\bar{\boldsymbol{X}} = \boldsymbol{L} \cdot \bar{\boldsymbol{Y}} \tag{2-10}$$

其中，$\bar{\boldsymbol{X}}$ 和 $\bar{\boldsymbol{Y}}$ 都是 $mn \times m$ 维矩阵，$\bar{\boldsymbol{X}}$ 为由最终需求引致的各国各部门的全部产出，其元素 $\bar{x}_s^{rq}$ 表示由 q 国最终需求引致的 r 国 s 部门的总产出，因此 r 国的总产出 $\boldsymbol{X}^r$ 可以表示为

$$X^r = \sum_{s=1}^{n} \sum_{q=1}^{m} \bar{x}_s^{rq} \tag{2-11}$$

令 **E** 为国家间的碳排放强度系数矩阵，**E** 是一个 $m \times m$ 维对角矩阵，对角元素 e_i（$i=1, \cdots, m$）表示 i 国的单位产出排放的二氧化碳。于是由最终需求引致的碳排放流量矩阵为

$$\boldsymbol{F} = \bar{\boldsymbol{X}} \cdot \boldsymbol{E} \tag{2-12}$$

其中，**F** 为最终需求引致的各国各部门碳排放，**F** 的元素 f_s^{rq} 表示由 q 国最终需求引致的 r 国 s 部门的碳排放。

由上，r 国的生产侧碳排放 f^{rp} 可以表示为

$$f^{rp} = \sum_{s=1}^{n} \sum_{q=1}^{m} f_s^{rq} \tag{2-13}$$

r 国的消费侧碳排放 f^{rc} 可以表示为

$$f^{rc} = \sum_{s=1}^{n} \sum_{q=1}^{m} f_s^{qr} \tag{2-14}$$

相关链接——消费侧碳排放核算的其他研究方法

关于贸易隐含碳排放的计算方法主要有两种，一种是投入产出分析方法，另一种是生命周期评价法（Life Cycle Assessment，LCA），该方法可以用来评估整个生命周期内，活动、服务、过程或产品相关的全部产出和投入对环境间接或直接造成影响，比较适用于特定商品的量化评估，但该方法对数据的要求很高，使得应用受到较大的限制，见表 2-8。

表 2-8　基于 LCA 法气候相关标准和政策

名称	发布单位及年份
ISO14040《环境管理生命周期评估原则与框架》	2006 年 ISO（国际标准化组织）
GHG Protocol《温室气体核算体系》	2006 年 WRI（世界资源研究所），WBCSD（世界可持续发展工商理事会）
PAS 2050《商品和服务在生命周期内的温室气体排放规范》	2008 年 BST（英国标准协会）

三、碳排放核算数据统计方法

任何层次、任何方法的碳排放核算过程，其前提是获得有效的基础数据。从数据统计和数据搜集的角度来说，一般可以分为自上而下和自下而上两种数据统计方法，用以支撑各种用途的碳排放核算。

1. 自上而下的数据统计方法

IPCC 的《国家温室气体清单指南》是自上而下的数据统计方法的典型例子，它将国家主要的碳排放源进行分类，然后在部门分类下构建子目录，将所有排放源纳入目录体系，由上至下层层分解，获取统计数据，在搜集国家温室气体排放方面具有明显优势。目前，我国省市级碳排放数据统计就是采用这种自上而下的方法。

2. 自下而上的数据统计方法

除了自上而下外，也可以采取自下而上的数据统计方法，即对企业、消费者、产品和项目的碳排放足迹进行微观层面的调查统计，经汇总得到某一地区的碳排放总量数据。这种方法理论上可行，但因缺乏各类标准、指南，并且在核算范围、产品生命周期、核算环节、碳抵消、信息监测与报告等方面还存在很多问题，因此在实践层面上尚无法完成。

综上所述，在国家层面上，更适合采用自上而下的方法进行宏观层次的碳排放核算，而自下而上的方法更适宜于家庭、项目等微观层次的碳排放核算。中观层次的碳排放核算可以采用自上而下、自下而上相互结合的形式进行。

第三节　碳排放与经济增长

碳排放量的变化主要受经济发展的影响，至于这两者之间的具体关系，人们已经从不同的视角和方向进行了大量研究。其中，主流的研究有两个大类：第一类，基于环境库兹涅茨曲线假说；第二类，基于碳排放与经济增长的脱钩理论。

一、环境库兹涅茨曲线假说

1. 环境库兹涅茨曲线

库兹涅茨（Kuznets）曲线最初源于美国经济学家库兹涅茨 1955 年对收入不平等与经济增长之间关系的研究。他发现，当人均收入逐步增加时，收入分配的不平等程度在长期内先增加后减小，即呈现“倒 U”形关系，这就是库兹涅茨曲线的原型。后来，Grossman 和 Krueger（1991）研究了环境污染与经济增长之间的关系，发现两者之间的关系基本上也符合库兹涅茨曲线，这就是所谓的环境库兹涅茨曲线（Environmental Kuznets Curve，EKC），见图 2-7。

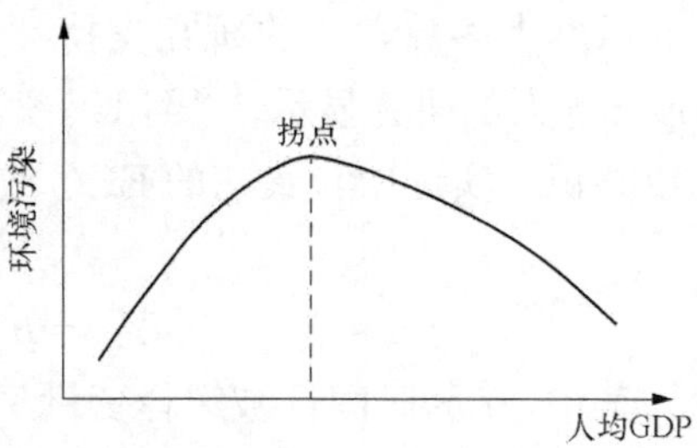

图 2-7　环境库兹涅茨曲线

当将环境污染设定为 CO_2 排放，探讨 CO_2 排放与经济增长之间的关系时，环境库兹涅茨曲线进一步扩展成为碳排放库兹涅茨曲线（Carbon Emission Kuznets Curve，CKC）。

图 2-8 是中国人均 GDP 和二氧化碳排放量之间的关系，从曲线上可以看出大致呈现出“倒 U”形的关系。

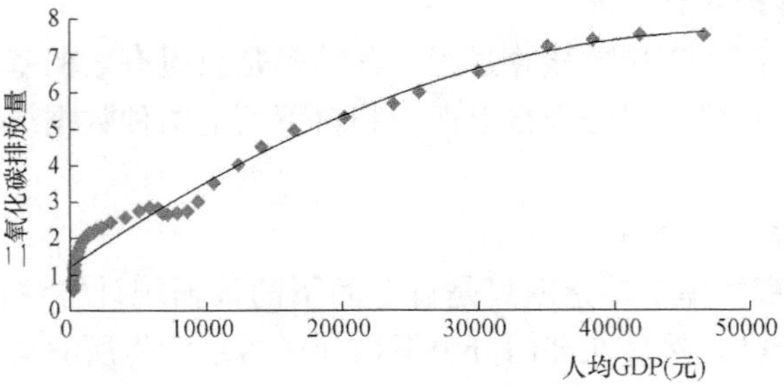

图 2-8 中国 1960—2014 年人均 GDP 和二氧化碳排放量之间的关系

2. 对环境库兹涅茨曲线的解释

对于环境库兹涅茨曲线 EKC（以及 CKC）的“倒 U”形状，可以从规模效应、技术效应和结构效应的角度来理解。

（1）规模效应。在经济建设的早期，为了实现经济的快速增长，普遍的做法是通过生产要素投入规模的不断扩大提升产出水平，从而促进经济发展，这就将导致资源、能源的消耗水平不断提升，生产无用产物的总量也将不断增加，从而导致日益严重的环境污染问题。另一面，随着经济发展，人们物质需求不断增加，客观上推动了生产的发展和经济的增长，从而导致资源和能源消耗增加，同时导致碳排放等产物的增加，致使环境污染问题不断加剧。

（2）技术效应。在经济增长过程中，生产技术也在不断创新，从而提升了生产效率，资源、能源利用率上升，生产能耗水平下降，减少了二氧化碳等无用产物产出，从而使得环境污染问题有所缓解和减弱。此外，技术的创新发展也将推动能源消费结构不断变化，工业生产逐渐向低污染的模式转变，从而使环境污染问题逐渐缓解。

（3）结构效应。居民人均收入水平的不断提升会对产业结构产生特定影响，从而促进产业结构的变化。通常情况下，产业结构以工业生产、能源密集型产业为主时，将导致环境污染加剧的结果；而产业结构以服务业、绿色低污染产业为主时，则会有效降低产业的危害性，从而使得环境污染问题随之减弱。

3. 环境库兹涅茨曲线的扩展

虽然大多数学者的研究支持“倒 U”形曲线关系即环境库兹涅茨曲线，但 Robalino-Lopez 等人的研究显示，“倒 U”形曲线并不成立，学界对于碳排放与经济发展间关系尚未达成共识。实证中，最初的 EKC 或 CKC 模型是一个包含一次项、二次项和三次项的简单形式

$$Y_t = \beta_0 + \beta_1 X_t + \beta_2 X_t^2 + \beta_3 X_t^2 + \varepsilon_t \tag{2-15}$$

其中，t 为时间，被解释变量 Y 为环境污染或碳排放衡量指标，解释变量 X 为经济增长衡量指标，ε 为残差项。显然，β_1、β_2、β_3 决定了 EKC 和 CKC 的形状，自然也揭示了 EKC 和 CKC 中经济增长与环境污染或碳排放之间的关系，大致可分为七种情况，见表 2-9。

表 2-9　β 值与环境库兹涅茨曲线形状

系数值	经济增长与环境污染或碳排放之间的关系
（1）$\beta_1=\beta_2=\beta_3=0$	不存在显著的线性或非线性关系

续表

系数值	经济增长与环境污染或碳排放之间的关系
(2) $\beta_1>0$，$\beta_2=\beta_3=0$	存在显著的线性正相关关系
(3) $\beta_1<0$，$\beta_2=\beta_3=0$	存在显著的线性负相关关系
(4) $\beta_1<0$，$\beta_2>0$，$\beta_3=0$	存在显著的“正 U”形关系
(5) $\beta_1>0$，$\beta_2<0$，$\beta_3=0$	存在显著的“倒 U”形关系
(6) $\beta_1>0$，$\beta_2<0$，$\beta_3>0$	存在显著的“正 N”形关系
(7) $\beta_1<0$，$\beta_2>0$，$\beta_3<0$	存在显著的“倒 N”形关系

随着 EKC 和 CKC 实证模型的不断发展，学者们逐步发现，环境库兹涅茨曲线和碳排放库兹涅茨曲线的实证模型中仅仅将经济增长作为解释变量是不完善的。因为影响环境污染或碳排放还有众多其他因素，如工业化水平、对外开放程度、国民环保意识、环境规制的健全程度、政府与工业企业的依存度。因此，学者们逐步向最初的 EKC 和 CKC 模型引入其他控制变量，扩展了 EKC 和 CKC 模型的形式。有兴趣的读者可以参考有关文献。还需要指出的是，环境库兹涅茨曲线只是基于统计数据总结出来的一种假说，并不能理解为一般规律，更不能当作“放之四海而皆准”的真理。

二、脱钩理论

1.“脱钩”的概念

脱钩，英文为 Decoupling，也被翻译为“解耦”，与 Coupling 即“耦合”相对立，所以在介绍碳排放与经济增长的脱钩理论之前，先界定耦合（Coupling）和解耦（Decoupling）这两个源于物理学的对立概念。耦合，是指两个或更多体系或物体间相互作用、相互影响而产生联合效应的现象；解耦，是指用数学方法将两个或更多相互联系的体系或物体分离的处理问题方式。在不同的研究领域，这两个概念产生了不同的理论内涵。在能源经济学和环境经济学中，“Coupling”被赋予“挂钩”的含义，是指一个经济体（国家或地区）在经济发展的初级阶段，经济增长高度依赖于能源消耗，能源消耗增长率甚至高于经济增长率，导致能源消耗或环境压力与经济增长联系紧密；“Decoupling”则被赋予“脱钩”的含义，是指当经济体的经济发展逐步进入中高级阶段，经济增长对于能源消耗依赖逐步降低，能源消耗增长率也逐步低于经济增长率。

脱钩指标的建立始于环境库兹涅茨曲线的改进。过去普遍适用的环境库兹涅茨曲线被认为不具备预警功能且无法进行跨国比较，故实证结果只能当作环境与经济之间初步发展的情况，若要探讨环境与经济增长及政策的关联性，则需进一步深入探究。

经济合作与发展组织于 2002 年出版的一篇研究报告首先用“脱钩指标”（Decoupling Indicators）测量了环境污染和经济发展之间的联系（OECD，2002）。世界银行认为环境与经济之间的“脱钩”关系可以从“去能源消耗”和“去环境污染”两个方面去考虑，其中，“去能源消耗”主要衡量能源消耗与经济增长之间的关联度，“去环境污染”主要衡量环境污染与经济增长之间的关联度（陆钟武等，2011）。此后，“脱钩”的概念广泛地应用于能源经济学和环境经济学研究领域，主要测度经济增长与能源消耗或环境压力之间的依存度。

2. 脱钩评价方法

对于经济增长与能源消耗或环境压力"脱钩"现象的评价，实质上是考察经济增长与能源消耗或环境压力之间变化的同步性。其评价方法主要包括：总量评价、IU 评价、OECD 脱钩因子评价、Tapio 脱钩弹性系数评价。

（1）总量评价。总量评价方法是在相同时间区间内，通过比较经济总量变化与能源消耗或环境压力变化之间的关系，判断两者之间的"耦合"或者"脱钩"程度，以进一步分析经济在增长过程中对能源消耗或环境压力的依存度。

（2）IU 评价。IU 评价方法是在相同时间区间内，通过比较物质消耗强度 IU（Intensity of Use）的变化，以评价在提供产品或服务的过程中，物质消耗量的价值占经济总产出价值（GDP）的比例，也可以用单位经济产出附加值与单位产出附加值的物质消耗量之间的关系表示

$$IU=\frac{X}{\mathrm{GDP}}=\frac{X}{Y}\cdot\frac{Y}{\mathrm{GDP}} \tag{2-16}$$

其中，X 为物质消耗量的价值，Y 为物质消耗的产出附加值，GDP 为经济总产出的价值。由 IU、X 与 GDP 之间的关系，IU 的减小分几种情况：

1）IU 减小，若 GDP 不变或者减小，则 X 减小。此时，物质消耗量减小，而 GDP 并没有增长，经济增长与物质消耗没有形成"脱钩"的关系。

2）IU 减小，若 GDP 增大，且增长率高于 IU，则 X 增大。此时，经济总产出与物质消耗同向增长，没有形成"脱钩"的关系。

3）IU 减小，若 GDP 增长，但增长率低于 IU，则 X 减小。此时，物质消耗量减小，GDP 增长，经济增长与物质消耗形成"脱钩"的关系，这是一种具有理论意义和实践价值的理想情形。综上可知，即使 IU 减小，物质消耗量 X 仍可能继续增大。

3. OECD 脱钩因子评价

OECD 的脱钩因子评价方法是 OECD 在 2002 年发布的一项关于环境压力与经济增长关系的报告中提出的。脱钩指标的分子为环境压力变量（如二氧化碳排放量），分母为经济驱动力变量（如国内生产总值）；在环境压力的增长率小于经济驱动力的情形下便形成"脱钩"，脱钩指标反映了代表环境压力变量与经济驱动力变量之间的相对变化率，构成了后世所称的完整的环境指标体系中重要组成部分。

脱钩可以为绝对或相对。绝对脱钩是指当环境压力变量的增长率为稳定或递减，同时经济驱动力的增长率为递增时的情形；相对脱钩是指环境压力变量的增长率虽为正，但其增长幅度小于经济驱动力增长率的情形。以二氧化碳排放与经济增长为例，如果经济稳定增长而二氧化碳排放量反而减少则为"绝对脱钩"，如果经济增长率高于二氧化碳排放增长率，则为"相对脱钩"。

OECD 脱钩因子 D 可表示为

$$D=1-\frac{(EP/EG)_{\text{报告期}}}{(EP/EG)_{\text{基期}}}=1-\text{脱钩指数} \tag{2-17}$$

其中，EP 为环境压力指标值，EG 为经济增长指标值。若将环境压力 EP 替换成能源消耗，则 OECD 脱钩因子 D 可表示为

$$D=1-\frac{(EC/EG)_{\text{报告期}}}{(EC/EG)_{\text{基期}}} \tag{2-18}$$

其中，EC 为能源消耗指标，EG 为经济增长指标。由此可得，OECD 脱钩因子 D 的取值范围为 $D \leqslant 1$。进一步而言，当 $D \leqslant 0$ 时，经济增长与环境压力或能源消耗之间不存在脱钩的关系；当 $D > 0$ 且值接近于 0 时，经济增长与环境压力或能源消耗之间呈现相对脱钩关系；当 $D > 0$ 且值接近于 1 时，经济增长与环境压力或能源消耗之间呈现绝对脱钩关系。

脱钩指标的分子与分母由几个事件因果链形成，指标可拆解成数项指标，也可由数项成因指标组成，因而便于政策参考。同时，以环境指标通用准则为基础，使得该指标体系与国际可持续发展指标接轨，并可依据脱钩因子进行跨国比较。脱钩指标就是为达到上述研究目的而建立，由于其指标具备可拆解性并可整合为一指数，故可方便于沟通与政策决策。

OECD 的环境指标标准见表 2 - 10。

表 2 - 10　　OECD 环境指标选择标准

准则项目	准则内容
政策相关性	1. 能够提供环境压力、状态及应用 2. 能够以简单的方式解释并显示趋势变化 3. 能够反映环境变化与人类活动的相关性 4. 能够提供国际比较基础 5. 必须建立一个目标值或门槛值
分析合理性	1. 具备理论基础 2. 具备国际标准与国际共识 3. 能够与经济模型、预测系统及资讯系统联结
可测量性	1. 资料可低成本获取 2. 资料质量高，资料可以及时更新

除了绝对脱钩和相对脱钩的概念之外，还有初级脱钩、次级脱钩和双重脱钩等概念。这三个概念是由扎克耐斯（Juknys，2003）首创。初级脱钩是指经济增长与自然资源利用的脱钩，衡量的是自然资源消耗（如能源）与经济增长之间的变化关系；次级脱钩是指自然资源利用与环境污染的脱钩，衡量的是自然环境利用（如能源利用）与环境污染之间的关系；同时达到初级脱钩与次级脱钩，则称为“双重脱钩”。

4. Tapio 脱钩弹性系数评价

OECD 最初提出的脱钩指数是将末期的相关指数与基期相比，但随着脱钩指数理论的发展，越来越多的研究发现脱钩指数很容易受到基期选择的影响，基期选取的不同指数也会发生变化，从而无法准确判断经济发展与二氧化碳排放的变化关系。为了消除基期选取的影响，Tapio（2005）在研究芬兰的交通业碳排放与经济增长之间的脱钩关系时提出了一种脱钩弹性测度方法，可以动态反映变量间的脱钩关系。Tapio 脱钩弹性系数 E 可表示为

$$E = \frac{\Delta Q_{CO_2} / Q_{CO_2}}{\Delta GDP / GDP} \tag{2 - 19}$$

其中，$\Delta Q_{CO_2} / Q_{CO_2}$ 为碳排放增长率，$\Delta GDP / GDP$ 为经济增长率。Tapio 根据脱钩弹性

E 的大小将脱钩进一步细分为弱脱钩、强脱钩、衰退脱钩、扩张联结、衰退联结、扩张负脱钩、强负脱钩、弱负脱钩共八种情况，见表 2-11。

表 2-11　Tapio 脱钩弹性八种状态

状态		ΔCO_2（环境压力）	ΔGDP（经济增长）	弹性 E
脱钩	弱脱钩	>0	>0	$0<E<0.8$
	强脱钩	<0	>0	$E<0$
	衰退脱钩	<0	<0	$E>1.2$
负脱钩	扩张负脱钩	>0	>0	$E>1.2$
	强负脱钩	>0	<0	$E<0$
	弱负脱钩	<0	<0	$0<E<0.8$
联结	扩张联结	>0	>0	$0.8<E<1.2$
	衰退联结	<0	<0	$0.8<E<1.2$

思考题

1. 查阅相关数据库，比较各国碳排放情况的动态变化。

2. 排放因子法的思路是什么？为什么同一个排放源存在不同的排放因子？实际核算时如何选择？

3. 根据本教材的碳排放核算方法，并参考相关资料，选择全国或某个区域进行碳排放测算。

4. 影响碳排放的因素有哪些？

5. 根据环境库兹涅茨曲线和脱钩理论内容，并结合实际，谈谈你对碳排放与经济发展之间关系的理解。

第三章　中国碳达峰与碳中和的进展

第一节　碳达峰碳中和的相关概念

一、碳达峰碳中和的内涵

联合国政府间气候变化专门委员会（IPCC）对碳达峰的界定是“某个国家或地区或者行业年度二氧化碳的排放量达到了历史最高值，然后经历平台期，并由这个最高值开始持续下降，即出现二氧化碳排放量由增转降的历史拐点”。碳达峰的实现标志着碳排放与经济发展之间实现脱钩，达峰目标包括达峰年份和峰值。

IPCC 对碳中和的界定是“通过二氧化碳去除技术吸收人类活动所产生的二氧化碳，进而实现空气中二氧化碳的排放量与吸收量达到平衡”。也有定义称碳中和是指国家、企业、团体、产品、活动或个人在一定时间内直接或间接产生的二氧化碳或温室气体排放总量，通过植树造林、节能减排等形式，以抵消自身产生的二氧化碳或温室气体排放量，实现正负抵消，达到相对“零排放”。碳达峰与碳中和一起简称为“双碳”目标。

二、碳达峰与碳中和的关系

碳达峰与碳中和并不是割裂的，而是具有非常密切的关联。碳达峰目标本质上包括碳达峰的年份和碳达峰时的排放量绝对值，即达峰年份和达峰值。碳达峰是碳中和的基础和前提，碳达峰时间的早晚和峰值的大小直接决定了碳中和的难度。碳达峰实现得越早，达峰时二氧化碳排放值越小，碳中和实现的压力就越小。

三、其他相关概念

由于涉及的温室气体范围不同，因此，不同国家在碳达峰碳中和过程中采用了不同的提法。此外，为顺利实现碳达峰碳中和目标，我国在未来经济发展过程中，不仅仅要关注经济产出，更要重点关注能源消耗和碳排放，即强调“能耗双控”和“碳双控”。能耗双控是指能源消耗总量和能源强度双控。碳双控是指碳排放总量和碳排放强度双控。由此产生了两个新概念“能均”和“碳均”。能均是指万元 GDP 所消耗的能源量，反映能源强度水平，也就是能源效率。碳均是指万元 GDP 所产生的碳排放量，反映碳排放强度情况。此外，还有碳汇、碳中和森林、负排放等新概念，见表 3 - 1。

表 3 - 1　　碳中和相关概念

序号	概念	概念解释
1	气候中和	指人类活动对于气候系统没有净影响的一种状态，需要由人类活动引起的温室气体排放量、排放吸收量以及人类活动在特定区域导致的生物地球物理效应之间取得平衡
2	碳中和	指人类活动造成的 CO_2 排放与全球人为 CO_2 吸收量在一定时期内达到平衡
3	净零碳排放	指人类活动造成的 CO_2 排放与全球人为 CO_2 吸收量在一定时期内达到平衡
4	净零排放	指人类活动造成的全温室气体（GHGs）排放与人为排放吸收量在一定时期内实现平衡

续表

序号	概念	概念解释
5	能均	能均是指万元GDP所消耗的能源量，反映能源强度水平，也就是能源效率
6	碳均	碳均是指万元GDP所产生的碳排放量，反映碳排放强度情况
7	碳汇	通过植树造林、森林管理、植被恢复等手段，利用植物光合作用吸收空气中的二氧化碳，将其固化在植被或土壤中，进而降低大气中二氧化碳浓度的活动、过程和相应机制
8	碳中和森林	是一种生态补偿方法，主要是通过植树造林的方式中和人类活动所产生的二氧化碳排放
9	负排放	泛指各类吸收、捕获二氧化碳并将其储存在陆地或海洋中的方法，既包括植树等自然方法，也包括人为技术手段

第二节　中国碳达峰碳中和承诺的提出

一、全球碳达峰碳中和的提出与进展

为将全球平均气温较前工业化时期上升幅度控制在2℃以内，并努力将温升幅度限制在1.5℃以内，2015年年底，第21届联合国气候变化大会通过了《巴黎协定》。该协定指出，只有全球尽快实现温室气体排放达到峰值，21世纪下半叶实现温室气体净零排放，才能降低气候变化给地球带来的生态风险以及给人类带来的生存危机。

欧盟率先于2019年发布了《欧洲绿色协议》，提出到2050年实现整个欧洲地区的碳中和；2021年6月28日通过了《欧洲气候法案》，为欧盟各国在2050年实现碳中和目标奠定了基础。2021年4月22日，美国总统拜登宣布将扩大美国政府的减排承诺，到2030年将美国的温室气体排放量减少50％～52％（与2005年相比），到2050年实现碳中和目标。据能源与气候情报网的统计，截至2021年8月12日，全球共有134个国家和地区提出了零碳或碳中和的气候承诺，见表3-2。

表3-2　世界主要国家和地区碳中和的目标日期与承诺性质

碳中和目标日期	政策宣示	提交协定	法律规定
已实现		不丹	
2030	挪威	乌拉圭	
2035	芬兰		
2040	奥地利、冰岛		
2045			瑞典
2050	葡萄牙、智利、挪威、南非、韩国、瑞士、加拿大、日本	哥斯达黎加、斐济、马绍尔群岛、斯洛伐克、欧盟	加拿大、丹麦、匈牙利、新西兰、西班牙、英国、德国、法国
2060	中国		
21世纪下半叶		新加坡	

根据世界资源研究所发布的报告，截至2017年，全世界共有49个国家的碳排放在2010年前实现达峰。其中，有19个国家早在1990年以前就实现了碳排放达峰，包括德国、

匈牙利、挪威、俄罗斯等。在 1990—2000 年实现碳排放达峰的国家有 14 个，包括法国、英国、荷兰等。在 2000—2010 年实现碳排放达峰的国家有 16 个，包括巴西、澳大利亚、加拿大、意大利、美国等。另外 4 个国家（中国、新加坡等）预计在 2030 年前达到峰值，已经达到峰值或承诺在 2030 年前达到峰值的国家总数达到 57 个。

二、中国碳达峰碳中和承诺的提出与推进

我国积极开展碳达峰碳中和工作是出于多种因素的考虑：

第一，我国是全球二氧化碳排放量大国，中国碳减排的效果很大程度上影响了全球气候治理的效果。2020 年全球二氧化碳排放量最多的前五个国家分别是中国、美国、印度、俄罗斯、日本，其排放量占全球排放量比重分别为 30.93％、13.86％、7.19％、4.48％、3.21％。

第二，中国应承担大国责任义务，积极履行《巴黎协定》。

第三，实现碳达峰碳中和的过程与实现我国高质量发展转型是殊途同归，具有内在的一致性和互利性。

第四，改善我国生态环境，优化空气质量。

在 2020 年第七十五届联合国大会上，习近平总书记向世界郑重作出承诺，力争在 2030 年前实现碳达峰，努力争取 2060 年前实现碳中和。在 2021 年全国两会的政府工作报告中也明确指出，要扎实做好碳达峰碳中和的各项工作，以顺利实现我国的郑重承诺。

2021 年国务院发布《中共中央国务院关于完整准确全面贯彻新发展理念做好碳达峰碳中和工作的意见》，为国内各省市开展新发展理念下的碳达峰碳中和工作奠定了基础。中共中央政治局 2022 年 1 月就努力实现碳达峰碳中和目标进行第三十六次集体学习。习近平总书记强调，实现碳达峰碳中和，是贯彻新发展理念、构建新发展格局、推动高质量发展的内在要求，是党中央统筹国内、国际两个大局作出的重大战略决策。我们必须深入分析推进碳达峰碳中和工作面临的形势和任务，充分认识实现“双碳”目标的紧迫性和艰巨性，研究需要做好的重点工作，统一思想和认识，扎扎实实把党中央决策部署落到实处。

《2030 年前碳达峰行动方案》（以下简称方案）围绕贯彻落实党中央、国务院关于碳达峰碳中和的重大战略决策，按照《中共中央国务院关于完整准确全面贯彻新发展理念做好碳达峰碳中和工作的意见》工作要求，聚焦 2030 年前碳达峰目标，对推进碳达峰工作作出总体部署。《方案》进一步明确：“十四五”期间，产业和能源结构明显优化，重点行业能源利用效率大幅提升，严格控制煤炭消费增长，绿色低碳循环发展的政策体系进一步完善。到 2025 年，非化石能源消费比重达到 20％，单位 GDP 能耗比 2020 年下降 13.5％，单位 GDP 碳排放下降 18％，为实现碳达峰奠定坚实基础。“十五五”期间，产业结构调整取得重大进展，清洁低碳安全高效的能源体系初步建立，重点领域低碳发展模式基本形成，重点耗能行业能源利用效率达到国际先进水平，非化石能源消费比重进一步提高，煤炭消费逐步减少，绿色低碳技术取得关键突破，绿色生活方式成为公众自觉选择，绿色低碳循环发展政策体系基本健全。到 2030 年，非化石能源消费比重达到 25％，单位 GDP 碳排放比 2005 年下降 65％以上，顺利实现 2030 年前碳达峰目标。

习近平总书记关于碳达峰、碳中和的重要讲话汇总见表 3 - 3，与碳达峰、碳中和相关的国家重要文件见表 3 - 4。

表 3-3　习近平总书记关于碳达峰、碳中和的重要讲话及政策文件

序号	时间	重要讲话及文件名称	重要讲话精神、文件内容
1	2020 年 9 月 22 日	在第七十五届联合国大会一般性辩论上发表重要讲话	要加快形成绿色发展方式和生活方式，建设生态文明和美丽地球。中国将提高国家自主贡献力度，采取更加有力的政策和措施，二氧化碳排放力争于 2030 年前达到峰值，努力争取 2060 年前实现碳中和
2	2020 年 11 月 12 日	第三届巴黎和平论坛	中方将为碳达峰目标和碳中和愿景制定实施规划
3	2020 年 11 月 22 日	二十国集团领导人利雅得峰会“守护地球”主题边会	中国将提高国家自主贡献力度，力争二氧化碳排放 2030 年前达到峰值，2060 年前实现碳中和。中国言出必行，将坚定不移加以落实
4	2020 年 12 月 12 日	在气候雄心峰会上发表题为《继往开来，开启全球应对气候变化新征程》的重要讲话	中国将提高国家自主贡献力度，采取更加有力的政策和措施，力争 2030 年前二氧化碳排放达到峰值，努力争取 2060 年前实现碳中和
5	2020 年 12 月 16 日	中央经济工作会议	做好碳达峰、碳中和工作作为 2021 年八大重点任务之一，要求抓紧制定 2030 年前碳排放达峰行动方案，支持有条件的地方率先达峰，推动煤炭消费尽早达峰
6	2021 年 1 月 25 日	在世界经济论坛“达沃斯议程”对话会上发表特别致辞	加强生态文明建设，加快调整优化产业结构、能源结构，倡导绿色低碳的生产生活方式。力争 2030 年前二氧化碳排放达到峰值、2060 年前实现碳中和
7	2021 年 3 月 11 日	第十三届全国人民代表大会第四次会议批准“十四五”规划和 2035 年远景目标纲要	完善能源消费总量和强度双控制度，重点控制化石能源消费。实施以碳强度控制为主、碳排放总量控制为辅的制度，支持有条件的地方和重点行业、重点企业率先达到碳排放峰值。推动能源清洁低碳安全高效利用，深入推进工业、建筑、交通等领域低碳转型。加大甲烷、氢氟碳化物、全氟化碳等其他温室气体控制力度。提升生态系统碳汇能力。锚定努力争取 2060 年前实现碳中和，采取更加有力的政策和措施
8	2021 年 3 月 15 日	中央财经委员会第九次会议并发表重要讲话	实现碳达峰、碳中和是一场广泛而深刻的经济社会系统性变革，要把碳达峰、碳中和纳入生态文明建设整体布局，拿出抓铁有痕的劲头，如期实现 2030 年前碳达峰、2060 年前碳中和的目标
9	2021 年 4 月 16 日	中法德领导人视频峰会上	中方言必行，行必果，将碳达峰、碳中和纳入生态文明建设整体布局

续表

序号	时间	重要讲话及文件名称	重要讲话精神、文件内容
10	2021年4月22日	领导人气候峰会	中国将碳达峰、碳中和纳入生态文明建设整体布局，正在制定碳达峰行动计划，广泛深入开展碳达峰行动，支持有条件的地方和重点行业、重点企业率先达峰。中国将严控煤电项目，“十四五”时期严控煤炭消费增长、“十五五”时期逐步减少。此外，中国已决定接受《〈蒙特利尔议定书〉基加利修正案》，加强非二氧化碳温室气体管控，还将启动全国碳市场上线交易
11	2021年4月30日	中共中央政治局第二十九次集体学习	实现碳达峰、碳中和是我国向世界作出的庄严承诺，也是一场广泛而深刻的经济社会变革，绝不是轻轻松松就能实现的
12	2021年7月6日	中国共产党与世界政党领导人峰会	中国将为履行碳达峰、碳中和目标承诺付出极其艰巨的努力，为全球应对气候变化作出更大贡献
13	2021年10月12日	《生物多样性公约》第十五次缔约方大会领导人峰会	构建碳达峰、碳中和“1＋N”政策体系
14	2021年11月18日	十九届六中全会	要准确研判国际国内科技发展趋势，面向世界科技前沿、面向经济主战场、面向国家重大需求、面向人民生命健康，深入研究国家科技战略，深入研究构建符合国情的科技创新路径，深入研究优化完善科技力量布局，深入研究为疫情防控和绿色低碳发展等重大紧迫问题提供科技支撑
15	2022年1月24日	就努力实现碳达峰碳中和目标进行第三十六次集体学习	实现碳达峰碳中和，是贯彻新发展理念、构建新发展格局、推动高质量发展的内在要求，是党中央统筹国内国际两个大局作出的重大战略决策。必须深入分析推进碳达峰碳中和工作面临的形势和任务，充分认识实现“双碳”目标的紧迫性和艰巨性，研究需要做好的重点工作，统一思想和认识，扎扎实实把党中央决策部署落到实处

表3-4　碳达峰碳中和相关国家政策文件

序号	时间	发文部门	文件名称及主要内容
1	2011年	国务院	《“十二五”控制温室气体排放工作方案》
2	2012年	九部委十六部委	《国家适应气候变化战略》《“十二五”国家应对气候变化科技发展专项规划》
3	2014年	国务院	《国家应对气候变化规划（2014—2020年）》《2014—2015年节能减排低碳发展行动方案》

续表

序号	时间	发文部门	文件名称及主要内容
4	2015年	中国	《强化应对气候变化行动——中国国家自主贡献》
5	2016年	国务院工信部	《“十三五”控制温室气体排放工作方案》《工业绿色发展规划（2016—2020年）》
6	2017年	三部委	《“十三五”应对气候变化科技创新专项规划》
7	2021年2月	国务院	《关于加快建立健全绿色低碳循环发展经济体系的指导意见》
8	2021年3月	中国十三届全国人大四次会议	《中华人民共和国国民经济和社会发展第十四个五年规划和2035年远景目标纲要》
9	2021年5月	生态环境部	《关于加强高耗能、高排放建设项目生态环境源头防控的指导意见》
10	2021年7月	国家发展改革委	《“十四五”循环经济发展规划》
11	2021年7月	国家发展改革委	《国家发展改革委国家能源局关于加快推动新型储能发展的指导意见》
12	2021年7月	生态环境部	《关于开展重点行业建设项目碳排放环境影响评价试点的通知》
13	2021年9月	国家发展改革委	《完善能源消费强度和总量双控制度方案》
14	2021年10月	中共中央、国务院	《国家标准化发展纲要》
15	2021年10月	中共中央、国务院	《关于完整准确全面贯彻新发展理念做好碳达峰碳中和工作的意见》
16	2021年10月	国家发展改革委等部门	《国家发展改革委等部门关于严格能效约束推动重点领域节能降碳的若干意见》
17	2021年10月	生态环境部	《关于做好全国碳排放权交易市场数据质量监督管理相关工作的通知》
18	2021年10月	国务院	《2030年前碳达峰行动方案》

在国家2021年出台《关于完整准确全面贯彻新发展理念做好碳达峰碳中和工作的意见》后不到1年的时间内，共有吉林等17个省、自治区、直辖市出台了实施意见。

三、中国碳中和实施过程遵循的原则

实现“双碳”目标是一项复杂的系统工程，需要改变能源体系、生产方式、生活方式、消费方式，需要统筹考虑不同行业的投入产出效率、产业国际竞争力、国家战略相关程度、发展迫切程度、治理成本等，需要考虑区域间的发展差距、生态环境差异，需要兼顾经济发展和减碳目标等。实现“双碳”所涉及因素多样性以及各因素之间的互相关联性，造成了这一过程的复杂性。因此，我国要实现“双碳”目标应遵循一些基本的原则。

1. 坚持经济社会发展与减碳相协调

我国提出，到2035年基本实现社会主义现代化，到21世纪中叶，把我国建成富强、民主、文明、和谐、美丽的社会主义现代化强国，而我国实现碳达峰和碳中和的时间分别是2030年前和2060年前。实现“双碳”目标是全面建设社会主义现代化国家的应有之义，也意味着必须协调好经济发展与碳减排的关系。

要注重发展。对于充分参与国际竞争的行业和产品、“卡脖子”技术，在其发展初期，要预留部分碳排放容量，避免丧失发展机遇。优选对我国发展势头影响最小、最可持续的低碳发展方向，探索建立碳排放预留机制。

2. 坚持尊重客观实际，把握碳中和的推进节奏

碳中和实现的前提是碳达峰，越早达峰，对实现碳中和越有利，但可能对经济发展的负面影响越大。所以，碳减排不能脱离我国经济发展实际，不能超越社会主义经济发展阶段，不能过分追求提前达峰，不能搞一刀切。国家“十四五”规划纲要提出以碳强度控制为主、碳排放总量为辅，支持有条件的地区和领域率先实现碳达峰。因此，我国要根据“30/60”目标制定科学的时间表，条件成熟的领域、区域可以提前实现碳达峰，但不宜过早，更不能不考虑客观条件而全部提前，尤其要防止各地区层层加码现象。

3. 坚持针对不同行业设计差异化的减碳路径

不同行业不同领域因其产品性质、技术路线、用能方式、碳排放技术等方面的差异，在碳达峰、碳中和进程中发挥不同的作用。要在总量达峰最优框架下科学测算不同行业的达峰时间、对经济社会影响大小、减排成本高低等，然后制定出最经济有效的减碳顺序和路径。

4. 坚持有效市场和有为政府相结合

实现“双碳”目标，要发挥有效市场和有为政府两只手的作用，即采用行政手段和市场手段相结合的方式，市场手段用于搭建碳交易平台，行政手段用于制定碳减排的规则规范。

要考虑不同领域不同行业之间的碳排放差异，又要对同一行业内的国有、民营、外资企业一视同仁，在统一的标准和规则下开展减碳工作。

要加快建设碳交易市场，建立完善的碳税体系和全国性碳配额交易市场。把碳汇交易纳入碳交易市场体系，通过碳交易实现“绿水青山”和“金山银山”的统一。

5. 坚持发展国际合作

实现“双碳”目标要把握好国内发展与国际合作的关系。在国内发展方面，要顺应全球低碳经济发展的趋势，加快制定实施低碳发展的战略，积极发展绿色低碳产业，倡导勤俭节约的消费观念，提倡文明简朴的生活方式，推进能源体系和经济发展方式向低碳化、脱碳化转型。

在国际合作方面，坚持公平、共同但有区别的责任原则，建设性地参与和引领应对气候变化的国际合作，倡导建立国际气候交流磋商机制，参与全球碳交易市场活动，积极开展气候变化南南合作，与“一带一路”沿线国家携手探索气候适宜型低碳经济发展之路。

第三节　中国实现碳中和的挑战

碳减排既是气候环境问题，同时也是发展问题，它涉及社会、经济、能源、环境等方方面面，因此，需统筹考虑能源安全、社会民生、经济增长、成本投入等诸多因素，这些制约因素对我国能源转型和经济高质量发展提出了更高的要求。

一、碳排放总量大

我国经济体量大、发展速度快、用能需求高，能源结构中煤炭占比较高，这使得我国碳排放总量和强度处于“双高”状态。2001 年至 2020 年，我国碳排放量由 34.3 亿 t 增加到

98.9 亿 t，碳排放总量在全球中的比重达到 30.93%，居全球第一位。此外，我国人均碳排放量已达 7t 以上，超过了欧盟。虽然还有 7 年的达峰前时间，但是回旋余地并不大。因为这是 2060 碳中和目标约束下的碳达峰，2030 碳排放的峰值越高，实现碳中和的难度就越大。

二、碳中和时间紧迫

如果从 2020 年算起，我国只有 10 年时间实现碳达峰，30 年时间实现碳中和。英国、美国、德国、日本等发达国家都承诺在 2050 年实现碳中和，但这些国家在 21 世纪最初 10 年甚至 20 世纪末就已经实现了碳达峰。相比之下，我国从碳达峰到碳中和的时间更短，减碳压力更大。另一方面，中国人均 GDP 在 2020 年达到 1.05 万美元，而要在 2035 年实现中等发达国家的发展目标，经济总量和人均 GDP 相比 2020 年水平都要翻一番；到本世纪中叶，全面实现社会主义现代化国家的战略目标，经济发展也要迈上新台阶。要保证经济在合理增长态势下，实现少排放甚至零排放，对中国来讲确实是一个严峻挑战。

三、能源体系和产业结构不利于碳中和

我国能源资源总量丰富，但结构不合理，人均拥有量低，地区分布不均衡，开发难度大。我国能源构成中以煤炭为主。2020 年，我国一次能源生产总量为 40.8 亿 t 标准煤，其中原煤占 67.7%，原油占 6.8%，天然气占 6.3%，一次电力及其他能源占 19.2%。从能源消费看，2020 年，我国能源消费总量达 49.8 亿 t 标准煤，其中煤炭消费占 56.8%，石油消费占 18.9%，天然气消费占 8.4%，非化石能源占 15.9%。总之，煤炭在我国能源结构中的主导位置短期内无法改变，这无疑增加了实现碳达峰、碳中和的难度。

就产业发展而言，我国产业结构不平衡，服务化程度较低，高能耗产业（石化、化工、建材、钢铁、有色、造纸、电力和民航）所占比重仍然过高。产业能源利用效率也有待提高，2020 年，中国能源强度即单位 GDP 能耗是世界平均水平的 1.5 倍。

四、核心低碳技术有待突破

目前，很多关键技术还有待突破。比如，清洁能源如何实现有效存储，电动车如何大幅度提高续航里程、缩短充电时间、处置废旧电池等难题都在攻关之中。

科技部组织专家分析了我国实现“双碳”目标的相关支撑技术，列出了 6 大类、18 子类、66 个亚类的关键技术，其中 34%已得到商业营运，36%还处于中试和工程示范阶段，另外还有 30%在概念和研发阶段。这意味着，我国碳中和技术总体成熟度不高，还有 2/3 的任务需要我国的科技工作者在未来几十年研发突破，相较世界平均水平，我国通过科技创新促进产业竞争、实现碳中和目标的任务更重，责任更大。

五、碳达峰碳中和人才欠缺

“双碳”发展涉及多个自然学科和社会学科，相对于已经有一定发展基础的欧美国家来说，我国“双碳”工作涉及的环节更多、时间更紧、任务更重。因此，更需要一大批具备高素质、高水平的人才来支撑。

我国“双碳”人才的缺口较大。领英在全球发布的《2022 年全球绿色技能报告》指出，绿色人才在全球劳动力占比正逐渐上升，由 2015 年的 9.6%上升到 2021 年的 13.3%，其增长率高达 38.5%。中国石油和化学工业联合会公布的一组数据显示，“十四五”期间，中国需要的“双碳”人才在 55 万至 100 万名，而目前的相关从业者仅为 10 万名，存在较大的人才缺口。

六、机制体制需要创新

无论是局部污染物还是温室气体的减排，目前都是政府投资、社会受益的发展模式。由于私人投资尚无回报机制，企业没有投资动力，很难长期持续地发展，国家需要通过创立排放交易市场而建立完善投资回报机制。

相关法律缺位。碳排放权交易是人为创建的市场，要有强有力的立法监督和明晰的权属界定，才能保证交易顺利履约和有效开展碳配额质押等融资活动。缺乏统一的法律和制度安排，阻碍了全国碳市场和地方碳市场的协调发展。

缺少长期规划。企业无法判断未来配额分配方案的约束力度，造成当前不以履约为目的的交易非常少，不利于碳市场价格发现和资源配置；长期定价机制缺失，难以引导企业进行低碳投资，阻碍了社会低碳转型和控排企业的减排进程。

仅有现货市场，市场活跃度和流动性不足，无法提供排碳成本或者减排激励的长期价格，企业无法测算低碳投资的成本和收益。市场参与门槛高，不利于提升市场流动性和发挥价格发现与传导作用，限制了碳市场低成本促减排功能的实现。

创立和发展碳排放交易市场，使市场主体分配到的环境资产（如碳资产）可以上市交易，从而在交易市场中发现环境资产的价格；在碳排放交易市场价格的指导下，投资者和技术研发者形成稳定持续的预期，从而作出投资和研发决策，源源不断进行低碳投资和开展低碳技术创新研发；优化现有绿色信贷产品，创新绿色信贷品种，推广新能源贷款、能效贷款、合同能源管理收益权质押贷款等能源信贷品种，创新绿色供应链、绿色园区、绿色建筑、绿色生产、个人绿色消费等绿色信贷品种，降低绿色信贷资金成本，扩大绿色信贷规模。

第四节　中国实现碳中和的机遇

在“双碳”目标的大背景下，很多行业都面临前所未有的发展机会，有利于实现经济高质量发展和促进生态环境改善。

一、实现能源体系优化，加强能源安全

“双碳”目标的实施首先会优化能源体系，促进能源相关产业的发展。

首先，加速我国能源转型和能源革命进程。通过大幅提升能源利用效率和大力发展非化石能源，逐步摆脱对化石能源的依赖，以更低的能源消耗和更清洁的能源，支撑我国经济社会发展和居民生活水平提高，在倒逼能源清洁转型的同时保障我国能源安全供应。我国光伏、风电等新能源产业已经取得快速发展。到 2022 年年底，我国的光伏和风电装机容量已经达到 7.6 亿 kW。根据预测，到 2030 年我国的风电、光伏装机容量有望达到 18 亿 kW 左右，也就是说未来光伏风电还会有非常快的发展。

其次，对新能源汽车发展带来空前利好，智能化新能源汽车、无人驾驶电动汽车将迅速发展。最近这两年新能源汽车爆发性增长，华为、小米、大华等企业纷纷去造新能源汽车。这几年新能源汽车也以前所未有的速度在发展，2022 年新能源汽车市场渗透率达到 23.5%。

最后，对储能、节能环保包括绝热技术和产业发展带来巨大的机遇。

在抽水蓄能方面，《抽水蓄能中长期发展规划（2021—2035 年）》提出，到 2030 年，抽水蓄能投产总规模较“十四五”再翻一番，达到 1.2 亿 kW 左右。在电池储能领域，锂离子

电池作为一种新型储能，这几年发展速度也很快。

除了电池储能，还有一个新的领域，即燃料储能，即把可再生能源发的电用以制取可再生燃料，如氢、氨和各种合成燃料。可再生燃料既是一种燃料，也是一种非常好的储能形式，是非常重要的产业。

绝热行业技术的研发和产业发展将会爆发性增长。因为节能减排离不开绝热保温，离不开绝热技术、绝热材料和绝热设备。

二、产业升级，提高产业全球竞争力

实施“双碳”战略，会促进、引导、倒逼整个产业体系向着绿色低碳方向的转型升级。

倒逼产业转型升级，提高经济增长质量。“双碳”目标将推动我国工业制造业尤其是初级制造业向绿色低碳转型升级，并将大大增加绿色发展相关新技术的研发投资，巩固我国在此领域的优势地位。

加快高耗能、重化工业等产业去产能和重组整合步伐。钢铁、石化、建材、水泥、有色金属等高能耗、高排放产业，产能扩张力度将受到较为严格的碳排放限制，产能退出和压减速度加快。而且，产业内技术、设施更为先进的龙头企业有望进一步占据竞争优势，兼并重组整合趋势加强。

有利于打破“碳壁垒”，推动产品出口。未来，在碳减排倒逼下，为满足本国环保团体要求并保护本国产业，部分国家或将碳减排与贸易联系在一起，动用“碳壁垒”、严格审查发展中国家基础设施投资的可能性增大。我国提出“双碳”目标，可打破“贸易壁垒”，消除出口产品被征收碳税的潜在风险。

三、助力乡村振兴，实现共同富裕

“双碳”目标实现的一个关键路径是提升自然生态系统的碳汇功能。我国林地、草原、湿地、荒漠化土地占国土面积的70%以上，分布着全国60%的贫困人口，这些地区既是生态建设的主战场，也是脱贫攻坚的主战场。虽然我国在2020年已经取得了脱贫攻坚战的全面胜利，完成了消除绝对贫困的艰巨任务，但解决相对贫困，促进乡村振兴，实现共同富裕仍然任重道远。低碳转型为贫困地区带来了更多发展机遇，如以屋顶光伏服务业为代表的新能源扶贫，带动了农民本地就业，促进了城乡互动。此外，生态产业扶贫、生态补偿扶贫、国土绿化扶贫等也取得一定成效。未来，在“双碳”行动方案实施过程中，可再生能源的广泛替代，有助于农村市场扩展清洁能源的应用，提高居民生活质量。贫困地区还可以抓住机会推广低碳技术、引进各类人才，引领贫困地区低碳发展。

四、碳中和目标为改革创造了巨大的推动力

“双碳”将对政府政策、市场机制、企业的经营管理、人们的生活方式等产生广泛而深刻的影响。目前，为实现“双碳”目标，我国已经出台了多项政策措施，碳排放权交易、绿证交易、绿电交易等市场机制逐渐形成，各种碳金融产品陆续推出，碳排放双控各项配套制度不断建立和完善。

一系列改革措施使得能源市场运行更加高效率，企业竞争更加充分，资源配置也更多地由市场来决定，为企业公平竞争创造了更好的条件。

五、加强国际合作

在当前逆全球化趋势有所加剧、国际冲突愈发严重的大背景下，应对气候变化、实现碳中和是难得获得世界普遍认同的共同事业。各国在加速低碳转型的过程中，面临着一系列共同的困难和挑战，投身全球气候治理，亟需广泛的国际合作。例如，碳关税是全球减排的重要手段之一，然而单靠一国或一地区的力量很难实现气候变化的全球治理。因此，国际合作是推进碳关税实施的重要举措。

在国际合作中，一方面要加强交流合作，促进尽快低碳转型，另一方面要争取国际话语权。近年来，中国不仅注重自身的绿色发展，也通过“双碳”行动积极与世界同频共振。中国积极落实全球发展倡议，推动建立全球清洁能源合作伙伴关系，并与联合国环境规划署签署了《关于建设绿色“一带一路”的谅解备忘录》，同有关国家和国际组织签署了 50 多份生态环境保护合作文件。中国还通过实施“绿色丝路使者计划”，为 120 多个共建“一带一路”国家培训绿色人才 3000 人次，为高质量共建“一带一路”提供了诸多绿色解决方案。

思考题

1. 碳达峰与碳中和之间是什么关系？
2. 结合实际谈谈中国实现“碳达峰、碳中和”目标面临哪些挑战和机遇？
3. 国外实现“双碳”的做法给中国带来哪些经验和教训？

第四章 碳交易体系的基本理论

第一节 碳交易产生的背景与市场类型

一、碳交易产生的背景

人们现在熟知的“碳交易”（Carbon Trading）是指温室气体排放权交易的统称。最初起源于1992年5月9日在联合国大会上通过的《联合国气候变化框架公约》（United Nations Framework Convertion on Climate Change，UNFCCC，以下简称《公约》），并于1994年3月21日生效。该公约由序言和26条正文构成，具有法律约束力。截至2016年6月，加入该公约的缔约国总计197个。1997年12月在日本东京通过了《公约》的第一个附加协议，即《京都议定书》，也有翻译为《京都协议书》《京都条约》，全称为《联合国气候变化框架公约的京都议定书》。《京都议定书》明确界定了“温室气体”的种类，即二氧化碳（CO_2）、甲烷（CH_4）、氧化亚氮（N_2O）、氢氟碳化物（HFCs）、全氟化碳（PFCs）、六氟化硫（SF_6）。《京都议定书》最重要的意义是提出了“以市场机制来解决以二氧化碳为代表的温室气体减排问题”，即将二氧化碳排放权看作一种商品，在排放权总量控制的原则下，二氧化碳排放权具有稀缺性特征，建立“温室气体排放权交易市场”，简称碳交易。之所以用二氧化碳代表温室气体，是因为二氧化碳在温室气体中所占比重最高，因此，温室气体排放权交易是以每吨二氧化碳当量作为计量单位。

二、碳交易市场的类型

碳排放权交易市场是指以控制温室气体排放为目的，以温室气体配额或温室气体减排信用为标的物的市场交易体系。根据不同的划分依据，可以形成多种碳交易市场的分类方式：按照市场是否具有强制性，可分为强制性碳交易市场、半自愿性碳交易市场和完全自愿性碳交易市场；按照市场交易的标的物差异，可分为基于配额的碳交易市场和基于项目的碳交易市场；此外，还有其他一些分类的方式。本节将介绍主要的碳交易市场类型。

1. 根据是否具备强制性分类

按照市场是否具有强制性，可分为强制性碳交易市场、半自愿性碳交易市场和完全自愿性碳交易市场。

（1）强制性碳交易市场。目前国际上的碳交易市场普遍都是强制性碳交易市场，也称作履约型碳交易市场，即“强制加入交易体系，强制履行减排责任”，如果未能完成履约任务则会受到处罚。例如，欧盟排放交易体系（European Union Emission Trading System，EU ETS）、美国区域温室气体减排行动（RGGI）、美国加州总量控制与交易体系、新西兰碳排放交易体系（NZ ETS）、日本东京都总量控制与交易体系（TMG）等。

（2）半自愿性碳交易市场和完全自愿性碳交易市场。半自愿性碳交易市场和完全自愿性碳交易市场是指企业出于社会责任、品牌塑造、增加社会影响力等目的或者具有社会责任感的个人为了抵消个人行为产生的碳排放，进而主动参与碳交易行为。但是两者也有一定的区别，其中半自愿性碳交易市场遵循“自愿加入交易体系，但是强制减排”的原则，加入企业必须承担有法律约束力的减排义务，否则会受到处罚。完全自愿性碳交易市场则是“自愿加入交易体系且自愿减排”，例如日本经济团体联合会自愿行动计划（KVAP）和自愿排放交易体系（J-VETS）。

2. 根据交易标的或交易机制分类

按照交易标的物的差异，将碳交易市场划分为基于配额的碳交易市场和基于项目的碳交易市场。因为两者具有不同的交易机制，也可以据此将其划分为基于“总量控制与可交易”机制的碳交易市场和基于“基准线与信用”机制的碳交易市场。

（1）基于配额的碳交易市场。基于配额的碳交易市场遵循“总量控制与可交易”的市场机制，以配额为交易标的，即通过立法或其他的有约束力的方式，对一定范围内温室气体排放的总量设定一个上限值，然后根据某种规则，将二氧化碳排放权指标或许可指标分配给参与交易的排放企业，每个企业所获得的二氧化碳排放权指标也就是俗称的“配额”。目前，基于配额的交易市场在全球碳市场中居主导地位。企业每年的碳排放量应该与配额相匹配，有剩余的企业可以卖出配额，超标排放的企业可以购买配额，即配额可以在交易主体之间进行买卖。履约期结束时，管理部门需要对排放企业进行履约情况的考核，如果排放量超过配额，则企业需要接受一定的处罚。通常，如果企业超额排放，该市场体系也允许其购买一定比例的经核准认证的减排量来抵消超额排放。

下面以一个具体例子来说明基于总量控制的交易机制实现社会低成本减排的过程机理。

假设社会减排目标是 2 万 t 二氧化碳，有 A、B 两家企业需要进行减排，并且两个企业的减排成本是不同的，A 企业减排效率低，减排成本是 20 元/t，B 企业技术先进，减排成本是 10 元/t。为实现减排 2 万 t 的目标，可以有以下两种方法。

方法一：行政命令手段

A 企业减排 1 万 t，减排成本 20 万元

B 企业减排 1 万 t，减排成本 10 万元

全社会完成 2 万 t 减排任务的总成本为 20＋10＝30 万元

方法二：采用总量控制的交易机制

该方法中，全社会减排目标依然是 2 万 t 二氧化碳，并且该任务全部由技术先进、减排效率高、减排成本低的 B 企业完成，则 B 企业的减排总支出为 20 万元，将其中 1 万吨减排任务以 15 万元的价格卖给 A 企业，则此时 A 企业的减排成本为 15 万元，B 企业的减排成本为 20－15＝5 万元，则此时，全社会完成 2 万吨减排任务的总成本为 15＋5＝20 万元。

由此比较可以发现，基于总量控制的碳交易机制可以有效地降低全社会的碳减排成本，激发企业进行减排技术创新和工艺改造，提高减排效率。

（2）基于项目的碳交易市场。基于项目的碳交易市场遵循“基准线与信用”的市场机制，以减排项目所产生的温室气体减排信用为标的物，主要包括联合履约机制（Joint Implementation，JI）下的排放减量单位（Emission Reduction Units，ERUs）和清洁发展机制（Clean Development Mechanism，CDM）下的核证减排量（Certified Emission Reduction，CERs），是一种事后核准授信的交易方式。联合履约机制（JI）是由《京都议定书》第六条所确立，即附件一缔约方（发达国家）在监督委员会监督下通过项目合作，实现彼此间减排单位的核证与转让。清洁发展机制（CDM）是由《京都议定书》第十二条所确立，

即附件一缔约方的发达国家与非附件一缔约方的发展中国家之间在清洁发展机制登记处的减排单位转让，目的是使发展中国家在可持续发展的前提下实现减排并从中获益，同时附件一的发达国家通过清洁发展机制项目获得核证减排量权证，以降低发达国家履行减排义务的成本。

《京都议定书》中给出的三种灵活履约机制见表 4-1。

表 4-1　　《京都议定书》的三种灵活履约机制

<table>
<tr><th>履约机制</th><th>交易原理</th><th colspan="2">交易标的</th><th>买方</th><th>卖方</th></tr>
<tr><td>排放交易（Emission Trading，ET）</td><td>总量控制交易机制</td><td>碳配额</td><td>分配数量单位（Assignment Amount Unit，AAU）</td><td colspan="2" rowspan="2">附件一国家</td></tr>
<tr><td>联合履约机制（Joint Implementation，JI）</td><td rowspan="2">基线信用机制（减排量机制）</td><td rowspan="2">碳减排信用</td><td>减排单位（Emission Reduction Unit，ERU）</td></tr>
<tr><td>清洁发展机制（Clean Development Mechanism，CDM）</td><td>核证减排量（Certified Emission Reduction，CER）</td><td>附件一国家</td><td>非附件一国家</td></tr>
</table>

基于项目的碳交易市场为管制对象设定了排放率或减排技术标准等基准线，当减排项目实际碳排放量低于常规情境下的排放基准线时，便会为其发放碳减排信用，该信用可以交易，使得那些因为减排成本高或其他困难而无法完成减排任务的企业通过购买减排信用的方式来履约。

除前文指出的交易标的、市场机制、市场地位、时间顺序等差异外，两类市场标的物的流通范围和交易目的也不同。基于配额的碳交易市场中，配额一般仅限于当地的碳市场，例如欧盟的配额只能在欧盟交易，中国试点市场的配额只能在试点当地企业间流通。相反，碳减排信用（即核证减排量）可以在全球大部分市场流通。从交易目的看，前者是为了满足强制减排企业完成履约任务，后者除了可以实现企业履约，同时也满足了其他企业或个人实现社会责任的需求。

两者具有本质上的区别，同时也具有密切的联系。在全球碳交易市场中，基于配额的碳交易机制处于主导地位，基于项目的碳交易机制则是对前者的有益补充。在配额交易市场中，也允许企业用一定比例的碳减排信用抵消配额，通常中国试点市场设定的比例是 10%，以此来保证配额碳市场的需求和减排的效果。两种市场的区别与联系见表 4-2。

表 4-2　　两种市场的比较

种类	交易标的	市场机制	市场地位	时间顺序	流通范围	交易目的
基于配额的碳交易市场	碳配额	总量控制与可交易	主导地位	事前分配并发放配额	本地碳市场范围内交易	企业履约
基于项目的碳交易市场	碳减排信用	基准线与信用	补充作用	事后核准认证	跨地域全球流通	企业履约，企业或个人的社会责任

3. 其他分类方式

按照是否受《京都议定书》框架的限定，可划分为京都框架内市场和京都框架外市场。

按照覆盖的地理范围不同，可划分为跨国性碳交易市场（例如欧盟碳市场）、全国性碳交易市场（例如中国碳市场）、区域性碳交易市场（例如美国区域温室气体减排行动 RGGI）和地区性碳交易市场（例如日本东京都总量控制与交易体系 TMG、美国加州总量控制与交易体系、加拿大魁北克省排放交易体系等）。按照覆盖的行业多少，可划分为多行业碳交易市场和单行业碳交易市场，例如 EU ETS 覆盖了能源、钢铁、电力、水泥、陶瓷、玻璃、造纸、航空等多个行业，而 RGGI 只覆盖电力行业。

第二节　碳排放权交易市场的核心要素

从上一节内容可知，从不同角度考察，可以对碳市场进行不同的分类。基于配额的碳交易市场是国际碳交易市场的主体，因此，后续内容将主要针对以“总量控制与可交易”为交易机制，以配额为交易标的的碳排放权交易市场为对象展开讨论。

碳排放权交易体系包括一系列重要的构成要素：市场覆盖的范围，配额总量上限的设定，配额分配的方法，碳排放量的监测、报告与核查，履约方式与奖惩措施，碳排放抵消机制等。

一、市场覆盖范围

任何一个碳排放权交易市场都是有一定边界的，或者说有一定的覆盖范围，即需要明确该市场的纳入行业、纳入气体和纳入标准等三个关键问题，见表 4-3。覆盖范围的大小是一把双刃剑，一方面，碳市场覆盖的行业、排放主体和排放源越多，碳排放权交易对减排的贡献度越高，整体减排成本越低；但另一方面，碳排放权交易市场的覆盖范围越大，其监测、报送、核查等管理成本也就越高。通常，因为各地区的气体排放结构和产业结构不同，导致不同碳排放权交易市场的覆盖范围有一定差异，当然，其覆盖范围也不是一成不变的，也会随着市场的逐渐成熟而相应调整。

关于纳入行业，《低碳经济转型下的中国碳排放权交易体系》中提出，基于国际碳交易经验，结合我国各行业二氧化碳排放、行业减排成本、行业清洁技术发展潜力、产能过剩产业分布等现状，建议我国碳交易体系应该覆盖节能潜力大、节能技术有储备、对碳价格敏感度高、碳排放量大、管理成本相对小的行业，例如电力、钢铁、石化等行业可以优先考虑加入。

全球纳入交易的温室气体中最普遍的是二氧化碳（CO_2），也有一部分市场纳入了《京都议定书》第一期规定的其他五种温室气体，即甲烷（CH_4）、氧化亚氮（N_2O）、全氟碳化合物（PFCs）、六氟化硫（SF_6）和氢氟碳化物（HFCs）。

关于纳入标准，全球碳交易市场差异较大：从标准指标类型看，有排放量、能耗水平、装机容量等；从标准数值来看，要明确多大排放量以上的排放源或多大规模以上的排放源才被纳入；还要明确该标准的实施对象，是针对排放设施还是针对排放企业。

表 4-3　碳排放权交易市场覆盖范围

覆盖范围	纳入行业	电力、钢铁、石化、水泥、玻璃……
	纳入气体	CO_2、CH_4、N_2O、PFCs、SF_6 和 HFCs
	纳入标准	标准类型、标准数值、纳入对象

二、配额总量上限的设定

碳排放权交易市场的配额总量是指在特定区域及特定时期内政府向碳市场覆盖范围内的控排企业发放的可以合法排放温室气体的许可总量或上限，以“吨二氧化碳”或“吨二氧化碳当量”为单位。配额总量上限的设定主要关注两个问题：第一，配额总量数值的确定；第二，配额总量形成的方式。

配额总量的多与少，即相当于碳交易市场上配额供给数量的大小，决定了市场上配额稀缺性的水平。如果配额总量设定很低，甚至低于控排企业的减排潜力时，则稀缺性突出，导致配额价格偏高，大量企业难以完成履约而遭受罚款，这将为覆盖范围内的企业增加了过大的履约压力和减排成本。如果配额总量设定太高，甚至高于没有碳排放权交易政策下的照常排放值，则稀缺性较弱，导致配额供过于求，价格偏低，控排企业不需努力即可完成履约，则不利于碳市场覆盖区域减排目标的实现，碳交易机制失灵。可见，配额总量数值的确定十分重要，直接影响了碳交易市场的稳定性和可行性。在考虑配额总量时，一般会结合市场覆盖区域的产业结构、能源结构、减排技术水平、政府减排目标的强度、覆盖产业碳排放占排放总量的比重等因素。例如，政府有更具有挑战性的减排目标，那么就会相对减少配额总量。

配额总量的形成方式包括自上而下和自下而上两种方式。自上而下的方式是指政府主管部门根据该地区温室气体减排目标的强度、市场纳入的控排企业温室气体排放量占区域总排放量的比重等因素，确定该碳市场的排放总量上限。自下而上的方式是指政府主管部门根据区域内控排企业的减排潜力、历史碳排放数据、减排技术预期等因素，计算出未来一段时间碳排放需求总量。

三、配额分配方法

配额分配是指政府碳排放管理部门按照一定的规则和方法将配额分配给市场覆盖区域内的控排企业。要确定发放多少配额，预留多少配额以及依据什么方法分配配额。

预留配额是政府管理部门调控碳交易市场的一种手段，例如在碳配额价格过高的时候，调节碳交易市场中配额的供给水平，即保证碳价格水平相对合理，保障碳交易市场的风险水平，同时也可以为新进入的控排企业保留一部分排放空间。一般情况下会将配额总量的5％作为预留配额。

配额分配包括免费分配和有偿分配两种方式，有偿分配则可能是固定价格，也可能是拍卖。目前全球碳交易市场中碳配额的分配多是以免费分配为主，有偿分配方式为辅助和补充。例如在纳入的所有行业中，选取个别行业实施拍卖分配方式，或者拿出配额总量中较小比例的配额实施拍卖。从未来发展趋势来看，拍卖的情形和比例将会越来越多。免费发放和有偿分配（主要指拍卖）各有各自的优点、缺点和适用的情形。

配额分配的方法见图4-1。

1. 免费分配

在免费分配的前提下，还要设计出具体的分配方法，目前主要采用祖父法和基准线法。祖父法也称历史法，即根据企业自身碳排放总量或碳排放强度的历史数据发放配额，分配的配额数量应低于自身历史排放水平。该方法执行起来相对简单，但是却会引起“鞭打快牛”的后果，那些历史上减排控排成绩不好的企业反而能够得到更多的配额，不利于激励企业采取减排行动。因此，从长期看，祖父法会被基准线法或拍卖法所取代。

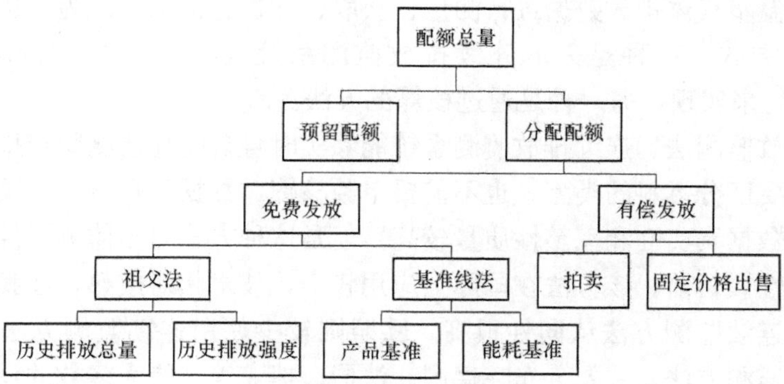

图 4-1　配额分配方式示意图

基准线法又称标杆法，指由政府管理部门确定出行业统一的特定产品单位产量的碳排放水平，并以此作为行业配额分配的标准。例如，确定出生产 1t 钢材的碳排放量，则钢铁企业的配额等于基准线乘以企业的钢材历史产量或实际产量。如果使用实际产量，则可以根据企业实际产出水平分配配额，可以有效防止碳泄漏。碳泄漏是指企业将生产行为从一个有碳价的区域转到一个没有碳价的区域，或者从高碳价区域向低碳价区域转移，就形成了碳泄漏，但是全球碳排放总量没有减少。但是因为生产具有不确定性，因此，可能导致碳配额发放总量超过碳市场体系的总量上限。

2. 有偿分配

有偿分配常采用拍卖的方式，该方式有很多优势：它是效率最高并且促进减排效果最好的一种方式；能够增加政府收入；避免市场扭曲和政治干预；实施简单方便，灵活性强；可以奖励减排行动效果好的企业。但是，拍卖方式增加了履约企业的履约成本，在刚刚进行碳交易的地区推行难度较大，强行推行的政治压力很大，还可能产生碳泄漏风险。因此，一般碳市场建立初期都是采用免费发放的方式分配配额。

配额分配还需要确定分配周期，即多长时间分配一次碳配额。目前主要有两种方式，一是按年度分配，另一种是按阶段分配。

按年度分配配额的方式，政府可以随时根据碳配额的需求供给状况进行配额总量的调整，便于碳市场的管理，但这种方式可能会降低碳市场交易的活跃度。我国的试点碳市场中，除上海碳市场外，其他六个碳市场均采取年度配额分配方式。

按阶段进行配额分配的方式，降低了行政管理成本，控排企业也可以跨期开展碳资产管理，但是容易产生供给与需求脱钩的现象。欧盟碳市场通常采取按阶段分配配额的方式，一般 3～5 年为一个阶段。我国上海碳市场在试点期间也是采取按阶段分配的方式，一次性发放 3 年的碳配额，但是企业需要每年进行履约。

四、碳排放量的监测、报告与核查

碳排放权交易体系的顺利运转，要以高质量的温室气体排放数据为基础，因此，需要建立一套科学合理的碳排放量监测、报告与核查制度（Monitoring，Reporting，Verfication，MRV）。

1. 数据监测

碳排量的数据监测，是指通过一系列技术手段和管理措施，较为精确地对控排企业或具体设施所产生的温室气体排放数据进行测量、获取、分析、记录等。为了达到这个目的，通常可以采取两种方式：一种是采取连续排放监测系统（Continuous Emission Monitoring System，CEMS）来实现，另一种是通过核算的方法。

（1）连续排放监测法。连续排放监测系统能够实时且自动地监测固定排放源的温室气体排放量，而不需要区分燃料的类型，也不需要单独核算，数据显示直接，操作简便，且该方法获得的碳排放数据真实性和完整性质量较高。但是这种方式对于监测硬件、数据传输系统等有很强的依赖性。目前，该方法在国际上应用较广，技术相对成熟，在我国尚处于探索阶段。例如美国对连续监测方法认同性很高。欧盟则较少使用连续监测方法，2019 年仅 155 个设施采用连续监测方法，主要分布在德国、法国、捷克等，绝大多数的设施仍采用核算方法确定温室气体排放量。

（2）核算法。核算方法是将企业生产经营活动中所消耗的化石燃料数量和原材料数量，按照对应的温室气体排放因子换算成相应的温室气体排放量，再对各温室气体排放量进行加总。核算方法实施成本低，更适合于分散排放源温室气体排放的核算，但是人工处理数据的工作量很大，标准难以统一。目前，因为该方法具有更低的成本和更广泛的适用性，因此，在国际上应用得更加普遍。一般来说，核算方法需要计算以下五方面的排放量：化石燃料燃烧排放量、工业过程排放量、废弃物处理排放量、净购入电力与热力排放量、二氧化碳回收利用量。

2. 碳排放数据报告与核查

报告是指控排企业将温室气体排放相关监测数据进行处理计算，并按照规范的形式，以电子表格或纸质文件的方式将最终监测数据报送相关主管部门。

核查是指具有资质的第三方独立核查机构通过文件审核和现场走访的方式，对控排企业提交的温室气体排放信息报告进行审核，出具温室气体排放核查报告，确保控排企业提交的报告中数据真实准确。

五、履约与奖惩机制

1. 履约相关基本概念

履约考核机制是指政府管理部门对控排企业是否完成其履约义务进行评估并且规定企业未完成履约义务时所面临的惩罚规则。履约考核是履约期的最后一个环节，是确保碳排放交易体系具有约束力的基础。履约机制一般包括履约主体、履约周期和履约产品。履约主体一般指碳市场纳入的企业。履约周期指企业向主管部门上交履约产品申请排放量注销的时间间隔，一般一年履约一次，或者在交易期内一次性履约。履约产品也叫履约工具，主要包括碳配额或核证减排量，也就是减排信用，通常碳市场都会对履约时核证减排量的比例和来源有一定的限制。在履约期控排企业需要向管理部门上缴碳配额或者减排信用，管理部门同时获取该企业在履约期内经核查的碳排放量数据，两者进行比较，如果实际碳排放量数据小于企业上缴的配额与减排信用之和，则表示履约合格；相反，则被认为履约不合格，企业要受到相应的惩罚。

2. 履约率

履约率是指在一个碳市场中，一个履约周期内完成履约任务的控排企业数量占该市场覆盖的控排企业总量之比。

$$R = X/Y \times 100\% \tag{4-1}$$

其中，R 为履约率，X 为履约期内完成履约任务的企业数量，Y 为纳入市场的控排企业总数量。

该指标是衡量一个碳市场有效性的重要指标，履约率越高，说明该碳市场在实现减排控排方面效果越好。碳市场履约率的大小与该市场所实施的履约奖惩制度密切相关，有效的奖励制度可以给履约企业一个正向激励，相反，高强度的惩戒制度是对履约企业的一种负向激励。

3. 配额储存和预借机制

为了提高碳市场的履约灵活性和交易活跃度，部分碳市场允许企业实施跨期的配额储存和预借。碳配额储存是指企业在某一时期储备碳配额，留存在以后履约期使用。预借机制表示，企业可以在某一履约期使用多于当前标准的配额，并在未来某个履约期偿还这些配额。在这一灵活履约机制下，企业可以更加灵活地跨期调节生产行为，增强了生产运行的平稳性，最大限度地减排温室气体，降低履约成本。

4. 履约的奖惩措施

在履约过程中，如果企业能够足额、及时履约，并且数据核查、管理和监督等工作完成质量很高，则会得到经济奖励、政策支持奖励和荣誉奖励，例如企业在申请绿色贷款或项目审批时获得优先权。

如果企业未能按期足额履约，则会受到相应的惩罚，例如罚款、补缴配额、信用处罚等。

（1）未能按期足额履约的企业需要向政府管理部门缴纳罚款，罚款的标准通常是碳配额市场价格的数倍。

（2）未完成履约任务的企业必须在规定的期限内补缴一定数量的碳配额，补缴的数量应大于或等于碳排放缺口。即使企业缴纳了罚款，也必须完成补缴配额的义务。

（3）对于拒不履行履约义务的企业，将对其进行信用惩罚。例如，计入金融机构征信系统、社会信用系统等，并向工商、税务和社会进行公布，还要对企业申报各级节能减排扶持政策和扶持资金进行限制。

六、抵消机制

碳市场抵消机制是指允许履约企业使用一定比例的经相关机构审定的减排量来抵消其部分碳减排义务，是一种相对灵活的履约机制。抵消机制最早源于《京都议定书》下的清洁发展机制（CDM），它是对配额交易的一种补充，可以降低履约企业的履约成本。用核证减排量抵消企业实际碳排放的机制在全球碳交易市场中比较普遍，中国试点的碳市场也包括了抵消机制。碳抵消机制是一整套系统，需要明确碳抵消信用产品的类型、项目类型、抵消比例、碳信用产品来源地、抵消时效等。

1. 信用产品类型

根据不同的划分依据，可以对碳信用产品进行不同分类。按照碳信用产品来源的项目不同，可分为来源于可再生能源和新能源项目、林业碳汇项目、节能项目等。按照发证机构不同，可分为国际机构核证减排量（如 CER）、国家核证减排量（如 CCER）、部门或城市核证减排量（如 PCER）。以下介绍几种典型的碳抵消信用产品，见表 4 - 4。

表 4-4 主要碳抵消信用产品

碳抵消信用产品	简介	例子
核证减排量 CER	由 CDM 执行委员会核准后，可在国际碳市场交易，该产品在国际认可度较高	中国自愿减排项目产生的 CER
中国核证自愿减排量	中国政府为提高全民节能减排意识，降低企业履约成本，与国际碳市场接轨，开发了类似于清洁发展机制的产品	国内控排企业根据试点碳市场规则购买
城市/部门核证减排量	企业根据城市或部门管理规定申报，第三方核查机构核查。经地方政府备案后，可在本地碳市场参与交易	森林碳汇项目取得北京市园林绿化局初审、同意后，向北京市发展改革委申报并备案，即可在北京碳市场交易
个人自愿减排量	个人自愿参与的二氧化碳减排量经主管部门核查认证后，成为可交易的碳减排量	广东省碳交易碳普惠核证减排项目

2. 项目类型

碳抵消信用产品可来源于以下项目。

(1) 可再生能源类项目：光伏电站、风电站、水电站等几乎是零排放，减排效果非常好，但项目投资成本也较高。

(2) 节能类型项目：工业企业、交通领域、建筑领域开展的一系列节能减排改造，使得同等产量或等量活动量情况下能源消耗减少，进而间接减少了碳排放量。

(3) 碳汇类项目：通过植树造林、森林管理、植被恢复等手段，通过植物光合作用原理吸收大气中的二氧化碳，并将其固定在植被和土壤中。

3. 抵消比例

在碳交易市场上，碳信用产品与碳配额是竞争关系，即控排企业可以用碳信用产品代替一定的碳配额，为了保证碳市场上配额供给需求的平衡关系，几乎所有碳市场都会对履约主体使用碳减排信用产品的数量有相应规定，一般在 5%～10%。例如加州-魁北克碳市场，2020 年之前，履约企业可以使用碳配额总量 8%的减排信用产品用于抵消，2021—2025 年，抵消比例降为 4%，2025 年后抵消比例保持在 6%。RGGI 碳市场碳抵消比例为 3.3%。中国试点碳市场中的深圳、广东、天津、湖北碳市场碳抵消比例为 10%，而上海、北京碳市场碳抵消比例为 5%，重庆为 8%。

4. 碳信用产品来源

为了促进本地经济发展和减排目标推进，碳市场在制定碳抵消规则时，一般会优先考虑本地项目产生的自愿减排量。同时也会考虑与其他区域碳抵消信用产品互认机制，加强区域间碳市场的联系。在中国的试点碳市场中，深圳碳市场对来自农村户用沼气、生物质发电项目、清洁交通减排项目、海洋固碳减排项目的区域限制最为严格，要求必须在本市行政辖区内。在京津冀地区，三地的自愿减排量优先使用。

第三节 碳金融创新

一、碳金融市场

碳金融市场是传统金融市场在二氧化碳减排控排领域的新应用、新发展，也可以说是传统金融工具与低碳经济发展相结合形成的新型市场。狭义上的碳金融市场指碳排放权交易市场，是温室气体排放权配额或减排信用额买卖交易的市场。广义上的碳金融市场，除了狭义所指的范畴外，还包括与碳交易市场相关的投融资市场以及低碳经济领域的项目投融资市场。

碳金融市场作为一个完备的金融市场，应包括资金供给者和需求者、信用工具、信用中介、价格等四个要素。企业、政府机构、金融机构、个人投资者等碳交易参与主体，互为资金的供给者和需求者。碳金融市场中的信用工具包括基本碳金融产品、碳金融衍生产品、创新的碳金融衍生产品三类。信用中介指银行、投资公司、证券交易所、证券商经纪人等为交易双方提供服务，起到联系、介绍、代为交易的机构。碳配额以及碳减排信用额都拥有其交易价格，一个有效的碳金融市场，其价格能够反映交易标的的真实供给需求状况。

二、碳金融产品

此部分将重点介绍基本碳金融产品、碳金融衍生产品和创新的碳金融衍生产品等包含的具体金融工具（见图 4-2），以及对应的概念、特点和典型案例。

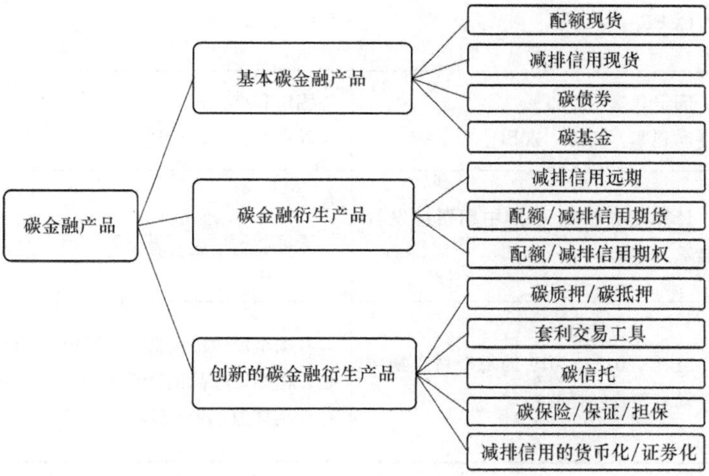

图 4-2 碳金融产品的种类

（一）基本碳金融产品

1. 碳配额现货和碳减排信用现货

碳配额现货交易和碳减排信用现货交易是指交易完成的同时即可发生碳配额权或碳减排信用权的转移。目前，我国试点碳市场和全国碳市场都以碳配额现货和碳减排信用现货交易为主。2023 年 6 月 8 日，新加坡碳交易所 Climate Impact X（CIX）启动首批碳信用额现货交易，旨在提高碳信用交易流动性，并为设定基于自然的碳信用额基准价格奠定基础。

2. 碳债券

碳债券是发行人以筹集低碳项目资金为目的，向投资者发行并且承诺在到期日偿还债券面值和支付利息的信用凭证，同时，碳债券将低碳项目产生的碳信用收入与债券利率水平挂钩。在实践过程中，与债券利率水平挂钩的碳信用收入包括两种：一种是通过自愿减排机制实现的碳信用，如国家核证自愿减排量 CCER（Chinese Certified Emission Reduction）；另一种是通过出售融资方所拥有的碳配额，如碳排放配额 CEA（Chinese Emission Allowance）。债券发行方约定在到期日或者是付息日的一定时间内，基于出售碳信用所获得的碳收益来计算碳收益率，并且基于交易的碳收益率，在一定范围内调整浮动利率，一般在 0～20BP 内上下浮动。表 4-5 展示了两只碳债券的具体情况。

表 4-5　碳债券产品比较

项目	14 核风电 MTN001	22 皖能源 SCP004（碳资产）
发行人	中广核风电有限公司	安徽省能源集团有限公司
交易市场	银行间市场	银行间市场
发行方式	公募	公募
发行规模	10 亿元人民币	10 亿元人民币
债券类型	一般中期票据	超短期融资债券
主承销商	上海浦东发展银行股份有限公司 国家开发银行股份有限公司	上海浦东发展银行股份有限公司
碳收益所锁定的碳资产	CCER	CEA
利率说明	固定利率：5.65% 浮动利率：[5BP，20BP]	固定利率：1.8% 浮动利率：[0，5BP]
碳收益率计算方法	计算期碳收益/本期中期票据发行金额×100%	$\frac{碳收益}{本期超短期融资券发行金额}\times\frac{365}{260}$
根据碳收益率产生的浮动利率	5BP（2014－2019 的每个付息期的浮动利率是一样的）	根据全国碳市场第一个履约期 38.5～62.29 元/t 的碳价格，估算该产品的碳收益率在 0.04%～0.06%，对应的浮动利率为 4BP～5BP

相关链接——碳债券

2014 年，中广核风电有限公司在深圳碳市场发行了为期 5 年的碳债券。该碳债券是中国首只也是在全国碳市场成立前唯一一只成功发行的碳债券。2022 年 8 月 4 日，安徽省能源集团有限公司通过“固定利率＋浮动利率”方式发行了“碳资产”标识的超短期融资债券。该债券将其浮动利率与项目所产生的碳减排量在全国碳市场上的配额收益率直接挂钩。这只碳债券是目前国内第二只符合碳金融标准的碳债券，也是在全国碳市场成立和碳金融标准出台后的首个碳债券。

3. 碳基金

碳基金也称为碳汇基金，是指由政府、金融机构、企业或个人投资设立的专门基金，致力于在全球范围购买碳信用或投资于温室气体减排项目，并给予投资者碳信用或现金回报，旨在改善全球气候变暖。碳基金主要包括以下几类：一是世界银行型基金，二是国家主权基金，三是政府多边合作型基金，四是金融机构设立的营利型基金，五是非政府组织管理的碳基金，六是私募碳基金。碳基金的主要投资领域有：促进低碳技术的研究与开发；加快技术商业化；低碳发展的孵化器。我国碳基金的资金来源以政府投资为主，多渠道筹集资金，按企业模式运作。表 4 - 6 展示了中国碳基金实践的几个例子。

表 4 - 6　　中国碳基金实践

基金名称	成立时间	成立机构	规模	投资标的
碳排放权专项资产管理计划基金	2014.11	华能集团、诺安基金	3000 万元	碳配额和 CCER
海通宝碳基金	2014.12	海通新能源股权投资管理有限公司 上海宝碳新能源环保科技有限公司	2 亿元	全国范围的 CCER
北京环交所 - 中美绿色低碳基金	2017.11	北京环境交易所 中美绿色低碳基金	百亿元	国内外低碳节能环保领域的优质项目，协助各绿色发展基金实现碳资产的量化、收集、和商业化
永安碳汇专项基金	2022.1	中国绿色碳汇基金会	1000 万元	以积累碳汇为目的的植树造林、森林经营和保护等林业碳汇建设

（二）碳金融衍生产品

1. 碳远期

碳远期是指交易双方约定在未来某一时刻以确定的价格买入或卖出一定数额碳配额或碳信用减排量的远期合约。该远期合约的签订，是基于买卖双方对未来某个时点的碳价格预期所做出的交易承诺，帮助买卖双方提前锁定碳收益或碳成本，是国际市场上 CER 交易的最常见和成熟的交易方式之一。

买方参与碳远期交易目的是“降低其在合约交易时点获得碳资产的价格”。买方预计在当年履约时有配额缺口，需要购买配额，并预测约定的远期价格会低于买方行权日的碳配额价格，以此降低交易成本，买方同时也可以在可接受的预期价格下，提前安排资金，减少经营风险。买方也可能不以履约为目的，而是为了实现市场套利，即约定价格低于行权日市场价格，买方可以将购买的配额在市场出售实现套利。

卖方参与碳远期交易则是预计约定的远期价格高于行权日碳市场价格，以此提高卖方碳交易收益的一种方式。卖方可能是预计履约时有碳配额的剩余，也可能是在到期日前低价买入碳配额，再在行权日以高于市场价格的合约价格进行出售，实现套利。

上海、广东、湖北三个试点碳市场都开展了碳排放权现货远期业务（见表 4 - 7），其中，上海碳市场的远期配额交易持续至今。数据上看，截至 2023 年 1 月末，上海碳市场现货产品累计成交量 2.2 亿 t，累计成交额为 33.6 亿元，上海碳市场远期产品累计成交量 437.1 万 t。可见，与现货交易相比，远期交易规模仍然很小。

表 4-7 各试点碳市场碳排放权远期交易对比

项目	上海碳远期	湖北碳远期	广东碳远期
交易平台	上海环境能源交易所	湖北碳排放权交易中心	场外交易与场内结算
交易品种	上海碳配额	湖北碳配额 CCER	广东碳配额 CCER
交易模式	集中竞价	挂牌交易	协议转让
价格形成	询价交易	协商议价	交易双方协商

2. 碳期货

碳期货是指在期货交易场所统一制定的、规定在将来某一特定的时间和地点交割一定数量的碳配额或碳信用的标准化合约。碳期货与碳远期非常类似，但是，碳期货作为一种期货产品，需采用标准化合约，即标的商品——碳资产的交易时间、商品特征、交易方式都是事先标准化的合约。碳期货合约通常会在交易所上市交易。而碳远期合约的各项交易要素则可以根据买卖双方的需求自行约定，并且大多数是通过场外交易实现。

3. 碳期权

碳期权是碳期货基础上产生的一种碳金融衍生产品，指由期货交易场所统一制定的、规定双方在将来某一特定时间、以特定价格买入或卖出碳配额或碳信用（包括碳期货合约）的权利的一种标准化合约。它与碳远期和碳期货非常相似，但是，碳期权的买方在合约到期时，并不一定需要进一步行权，买方可以选择放弃这一购买权。

4. 碳掉期

碳掉期，也叫碳互换，是一种交易双方以碳排放权为标的，双方以固定价格确定交易，并约定在未来某个时间以当时的市场价格完成与固定价交易对应的反向交易，最终只需对两次交易的差价进行现金结算。中国的碳掉期主要有两种模式：一是由控排企业在当期卖出碳配额，换取远期交付的等量 CCER 和现金；二是由项目业主在当期出售 CCER，换取远期交付的不等量碳配额。目前，仅有北京碳市场在开展碳排放权掉期业务。

（三）创新的碳金融衍生产品

1. 碳质押/碳抵押

碳质押或碳抵押是指以碳配额或信用减排量等碳资产作为担保（以碳资产作为质押物或抵押物）进行债务融资，到期后通过还本付息解押的融资合约。碳质押或碳抵押本质上就是传统的质押或抵押贷款，只是以碳配额或信用减排量作为质押物或抵押物。碳质押和碳抵押的区别在于，碳质押时企业需将质押标的过户给银行，到期时如果企业能还本付息，那么质押标的返还给质押方，否则质押标的可以由银行处置。碳抵押时抵押标的在抵押人企业账户上，而没有过户转移给银行。碳质押/抵押融资过程将涉及各地人民银行分行或当地银保监部门，负责融资决策；还涉及各地区的碳排放权主管部门，负责监管碳资产的估值、冻结、解押等工作。关于碳抵押、碳质押的例子见表 4-8。

表 4-8 碳排放权抵押/质押融资案例

时间	质押方	贷款方	质押数量	质押产品的估值	贷款金额（质押率）	其他
2021 年 9 月	华能武汉发电有限责任公司	农业银行	持有 715 万 t，质押 30 万 t	1510 万元	1000 万元（66.18%）	利率采用固定利率，定为借款提款日前年一期日一 LPR－65BP 来确定
2021 年 10 月	浙江浙能乐清发电有限责任公司	工商银行	信用＋96 万 t	共计 1 亿元	1 亿元，并于当日放款 3652 万元（100%）	—
2021 年 12 月	河南省武陟县广源纸业有限公司	—	5 万 t	225 万元	180 万元	LPR＋200BP
2021 年 7 月	山东旭国能源公司	日照银行	61 万 t	3157 万元	3000 万元（95.01%）	—

2. 碳托管

碳托管是指碳资产持有者将其持有的碳资产委托给专业的碳资产管理机构进行专业化的集中管理和交易，并且约定了双方收益分成等权利义务。一般情况下，碳资产持有者缺乏碳资产管理方面的专业知识和经验，交给专业机构托管，可以有效避免碳资产管理过程中的风险，尽可能提高碳资产收益，同时，自身能够专注于自己的主营业务。广东、深圳、湖北和福建碳市场均发布过相关的托管业务管理细则，见表 4-9。

表 4-9 碳托管案例

碳市场	时间	纳管业务	托管机构	涉及配额（万 t）
湖北	2014 年 12 月	湖北宜化集团下属公司	武汉钢实中新和武汉中新绿碳	100.8
广东	2016 年 5 月	深圳能源集团股份有限公司	广州微碳投资有限公司	350
福建	2017 年 5 月	福建省三钢（集团）有限责任公司	广州微碳投资有限公司	360

3. 碳回购

碳回购是指碳资产持有者向资金提供方（例如碳排放权交易市场）出售碳资产，并约定在一定期限后按照约定的价格购回所售碳资产从而获得短期资金融通的一种金融合约。碳资产回购过程中，资金提供方在接受碳排放配额受让后，在协议期内可以自行处置碳排放权配额，例如在市场上卖出配额，并在回购日期前买回即可。但是碳资产抵押、质押融资的碳资产作为抵押物或质押物，资金提供方不能将其进行处置，该权益由所在交易所进行冻结。2021 年全国碳市场成立后，在 2022 年 5 月，鞍钢集团以 4%的融资利率开展了碳资产回购融资，总计融得 2630 万元。碳资产回购融资的例子见表 4-10。

表 4-10　碳资产回购融资案例

市场	时间	申请方	出资方	融资额
北京	2016 年 1 月	北京华远意通热力科技股份有限公司	招银国金投资有限公司	1000 万元
深圳	2016 年 3 月	深圳妈湾电力有限公司	BP Energy Asia Pte Ltd	超亿元（400 万 t 配额）
全国	2022 年 5 月	鞍钢集团	未提及	2630 万元（利率 4%）

4. 碳保险/保证/担保

碳保险是指为了规避或降低减排项目开发或交易过程中的风险，确保项目减排量按期足额交付而开发的保险产品，也是一种担保工具。碳保险可以降低项目双方的投资风险或违约风险，确保项目投资和交易的顺利实施。碳保险主要包括碳交付保险、碳信用价格保险、碳资产融资担保、碳资产损失等。目前，四川、广东、上海等碳市场已经有相关的保险业务，见表 4-11。

表 4-11　不同市场上的碳保险实践

市场	机构名称	保险名称	保障对象	保障项目	保障风险	保额制度
四川	太平洋财险	碳质押贷款保证保险	将碳配额/CCER 质押给银行等金融机构进行融资的企业	对投保人未偿还的借款本金余额和利息	借款履约保证风险	借款本金
		林木碳汇保险	CCER 林草业项目、政府、村镇集体、林草管理机构	标的因自然灾害死亡导致的碳汇富余价值损失/草原因生长低于历史水平而导致的草原遥感指数降低	林草碳汇损失风险	根据项目具体情况确定
		CCER 碳资产损失保险	CCER 项目的投资方、运营方	光伏机组/垃圾发电/风电机组	碳资产损失	国家认证机构审定的预计年减排量×CCER 交易估测单价
广东	广东人保	碳汇价值综合保险	浮市国有大云雾林场	碳汇造林项目	极端气候灾害事件造成的森林损毁事故	112 万元
上海	中国太保产险	碳排放配额质押贷款保证保险	无信息	无信息	无信息	无信息

5. 碳指数

碳指数是一种为了反映整体碳市场或者某类碳资产的价格变动及其走势而编制的统计数据。碳指数既是一种市场价格的观测指标，为碳市场投资者和研究机构提供分析判断的基础信息，同时，碳指数也可以用于进一步开发各类的碳金融工具，如碳基金。碳指数目前在中国已经有了相当多的实践，见表 4-12。

表 4-12　　中国市场上的碳指数实践

碳指数名称	开发机构	提出时间	指数基础
中碳指数	北京绿色金融协会	2014 年 1 月	北京、天津、上海、广东、湖北和深圳碳市场
中国碳市场 100 指数	广州碳排放权交易所	2017 年 6 月	全国碳市场纳管企业中的上市公司股价
复旦碳价指数	复旦大学	2021 年 11 月	全国碳排放配额价格指数、核证资源减排量价格指数
碳价格指数	上海环交所、上海证券交易所	2022 年 7 月	全国碳市场

思考题

1. 什么是碳交易市场？碳交易市场有哪些类型？
2. 碳排放权交易市场包括哪些构成要素？
3. 碳市场的覆盖范围如何确定？
4. 碳排放配额分配方法有哪些？分析每种分配方法的利弊。
5. 碳金融产品有哪些类型？请结合实际案例分析某一种碳金融产品的利弊。

第五章　中国及全球碳排放权交易市场的比较

第一节　中国碳排放权交易市场的发展历程

一、中国建立碳排放权交易市场的意义

1. 发挥市场机制和价格信号优势

生态环境本质上具有非排他性和竞争性，在二氧化碳排放问题上，排放企业没有为污染排放行为支付费用，而是由社会承担了环境污染的治理成本。在传统的行政管制下，主要依赖行政命令或法律法规减少污染排放问题，短期内可以控制碳排放，但长期治理效果一般，并且会给企业带来较大的经济负担，政府治理成本也较高。建立碳排放权交易制度则充分利用了市场机制和价格信号优势，形成强有力的倒逼机制和经济激励，以最高效率和最低成本实现二氧化碳减排控排的目标。碳减排边际成本较低的控排企业具有优势地位，在满足自身碳排放需求后，剩余的碳配额可在市场上交易获得收益。碳配额不足的控排企业则必须在市场上购买碳配额以满足履约需求。

碳市场中形成的价格信号，为控排企业提供经济激励机制，引导资金流入减排潜力大的行业，降低全社会减排成本。长期而言，碳价信号能够将碳成本引入企业长期决策，推动绿色低碳技术创新，推动前沿技术的创新突破和高排放行业向绿色低碳发展转型，为处理好经济发展和碳减排的关系提供了有效的工具。

2. 满足低碳经济发展的融资需求

通过构建全国碳市场抵消机制，为林业碳汇、可再生能源项目和其他减碳技术发展提供资金支持，助力区域协调发展和生态保护补偿，倡导绿色低碳的生产和消费方式。此外，随着逐步提高的拍卖配额比例，发展基于碳市场的金融创新，为行业、区域向绿色低碳发展转型及实现碳达峰、碳中和提供投融资渠道。

3. 促进中国经济绿色低碳转型

随着节能减排工作的推进，减排难度越来越大，减排指标下降空间越来越小，减排成本越来越高，节能减排与经济发展之间的矛盾会越来越突出。单纯依靠政府行政管理和强制性减排无法实现碳达峰碳中和目标。在碳市场机制下，碳排放权的稀缺性以及对未来碳价格上涨的预期，将促使高耗能、高排放企业加强碳排放管理，加快低碳技术的创新和应用，提升行业节能减碳意识和水平，从而建立长效、低成本的节能减碳发展路径。

4. 有利于提高全民碳减排意识

应对气候变化难题是全人类长期的艰巨任务，很大程度上依赖于公众环保意识的提升。目前，碳交易比较活跃的碳市场的实践经验表明，各国公众已成为参与碳减排活动不可替代的重要角色。民众的低碳行为可产生社会价值，同时民众也是碳市场的参与主体，通过投资碳减排而获益；也可将环境保护与日常生活细节相融合，生态意识得以提高，潜移默化中促进了减排，保护了环境。

二、中国碳排放权交易市场发展的历程

2011 年 3 月公布的《国民经济和社会发展第十二个五年规划纲要》明确提出在“十二五”期间“逐步建立碳排放权交易市场”。为落实国家在“十二五”规划纲要中提出的任务要求，2011 年 10 月，国家发展改革委印发了《关于开展碳排放权交易试点工作的通知》，中国碳交易的试点工作正式开始，主要分布在中国的北京、天津、上海、重庆、湖北、广东及深圳 7 个省市，预期通过试点摸索中国开展碳排放权交易的发展之路，为全国性的碳交易市场作准备。2013 年，党的十八届三中全会通过了《中共中央关于全面深化改革若干重大问题的决定》，其中，建设全国碳市场是全面深化改革的重点任务之一，这也标志着全国碳市场设计工作正式启动。2013 年起至 2014 年，7 个试点碳市场陆续开启了上线交易，建立了各具特色的碳交易体系。2016 年 12 月，新增四川、福建 2 个试点碳市场，其中，福建碳市场推出在省内碳市场可交易的林业碳汇项目，四川碳市场交易品种主要为国家核证自愿减排量（CCER）。各个试点市场的运行实践有效促进了试点省市企业的温室气体减排效应，同时积累了大量的碳交易相关制度设计经验，培养了一批专业化人才，也为全国碳市场建设摸索了制度，锻炼了人才，积累了经验，为全国碳交易的开展奠定了坚实的基础。

2017 年 12 月，国家发展改革委印发了《全国碳排放权交易市场建设方案（电力行业)》，这意味着中国碳排放交易体系完成了总体设计并正式启动。2020 年年底，生态环境部出台《碳排放权交易管理办法（试行)》，并印发《2019—2020 年全国碳排放权交易配额总量设定与分配实施方案（发电行业)》，正式启动全国碳市场第一个履约周期。

2021 年 7 月 16 日 9 时 15 分，全国碳排放权交易市场启动仪式于北京、上海、武汉三地同时举办，备受瞩目的全国碳市场正式开始上线交易。交易中心设在上海，登记中心设在武汉，7 个试点的地方交易市场继续运营。全国碳市场覆盖范围明确了 8 个高耗能行业将逐步纳入，包括石化、化工、建材、钢铁、有色、造纸、电力和航空。在启动初期，首先纳入电力行业（纯发电和热电联产、燃气发电机组）2225 家重点排放企业，之后将按照“成熟一个、纳入一个”的原则纳入其他行业。2021 年 7 月 16 日上午 9 点 30 分，全国碳排放权交易在上海环境能源交易所正式启动。碳配额开盘价为 49 元/t。首笔全国碳交易快速撮合成功，价格为每吨 52.78 元，总共成交 16 万 t，交易额为 790 万元。2021 年，全国碳市场发电行业（约 2225 家发电企业）第一个履约周期的正式启动，标志着全国碳市场进入全新的发展阶段。未来我国碳市场将成为全球覆盖温室气体排放量规模最大的市场。

第二节　中国碳排放权交易试点市场

全国 7 个碳试点市场加上福建碳市场，一共 8 个区域性碳市场覆盖了约 14 亿 t 二氧化碳的年碳配额总量，近 3000 家重点排放企业。截至 2021 年 12 月 31 日，试点碳市场配额现货累计成交量 5.26 亿 t，成交额 128.4 亿 t。本节将从制度体系建设、覆盖范围、配额总量设定、配额分配方法、监测报告与核查、交易与履约机制、抵消机制、市场风险调控等方面，对我国的 7 个碳排放权交易试点市场进行介绍。

一、制度体系建设

在进行碳交易试点市场之前，我国在碳排放权交易上基本处于空白状态，缺乏深入的碳市场实践，在相关法律法规方面更是欠缺，为了使得碳排放权交易行为有法可依，受到法律的保障，在试点时各试点交易市场都率先抓紧制定相关的法律法规、规章制度和规范性文件，对交易流程、各方职能、交易制度制定了有约束力和可操作性的制度体系，见表5-1～表5-7。

表5-1 深圳市碳排放权交易试点主要文件

文件名称	性质
《深圳经济特区碳排放管理若干规定》	地方性法规
《深圳市碳排放权交易试点工作实施方案》	政府文件
《深圳市碳排放权交易管理暂行办法》	政府规章
《深圳市碳排放权交易市场抵消信用管理规定（暂行）》	
《深圳市碳排放权交易核查机构及核查员管理暂行办法》	
《深圳市组织温室气体的量化和报告指南》	地方标准
《深圳市组织温室气体排放的核查规范及指南》	
《建筑物温室气体排放的量化和报告规范指南》	
《公交、出租车企业温室气体排放量化和报告规范及指南》	
《深圳市排放权交易所现货交易规则》	交易所文件
《深圳排放权交易所会员管理规则（暂行）》	
《深圳排放权交易所托管会员管理细则》	
《深圳排放权交易所经纪会员管理细则（暂行）》	
《深圳排放权交易所违规违约处理实施细则（暂行）》	
《深圳排放权交易所风险控制管理细则（暂行）》	
《深圳排放权交易所核证自愿减排量项目挂牌上市细则（暂行）》	

表5-2 上海市碳排放权交易试点主要文件

文件名称	性质
《上海市人民政府关于本市开展碳排放交易试点工作的实施意见》	政府规章
《上海市碳排放管理试行办法》	
《上海市温室气体排放核算与报告指南（试行）》	地方文件
《上海市2013—2015年碳排放配额分配和管理方案》	
《上海市碳排放配额登记管理暂行规定》	
《上海市碳排放核查第三方机构管理暂行办法》	
《上海市碳排放核查工作规则（试行）》	
《上海环境能源交易所碳排放交易规则》	交易所文件
《上海环境能源交易所碳排放交易会员管理办法（试行）》	
《上海环境能源交易所碳排放交易结算细则（试行）》	
《上海环境能源交易所碳排放交易信息管理办法（试行）》	
《上海环境能源交易所碳排放交易风险控制管理办法（试行）》	
《上海环境能源交易所碳排放交易违规违约处理办法（试行）》	

表 5-3　北京市碳排放权交易试点主要文件

文件名称	性质
《北京市人民代表大会常务委员会关于北京市在严格控制碳排放总量前提下开展碳排放权交易试点工作的决定》	地方性法规
《北京市碳排放权交易实施方案》	政府文件
《关于开展碳排放权交易试点工作的通知》	
《北京市碳排放权交易核查管理办法（试行）》	政府规章
《北京市碳排放权交易试点配额核定方法（试行）》	
《北京市碳排放配额场外交易实施细则（试行）》	
《行业碳排放强度先进值制定方法》	
《配额调整方案》	
《北京市温室气体排放报告报送流程》	地方标准
《北京市碳排放权交易注册登记系统操作指南》	
《北京市环境交易所碳排放交易规则》	交易所文件
《北京环境交易所碳排放权交易规则配套细则（试行）》	

表 5-4　广东省碳排放权交易试点主要文件

文件名称	性质
《广东省碳排放权交易试点工作实施方案》	政府文件
《广东省碳排放权配额首次分配及工作方案》	
《广东省碳排放管理试行办法》	政府规章
《2013 年度广东省碳排放权配额核算方法》	
《广东省碳排放配额管理实施细则（试行）》	
《广东省企业碳排放核查规范（试行）》	
《广东省企业碳排放信息报告与核查实施细则（试行）》	
《广东省企业（单位）二氧化碳排放信息报告通则（试行）》	地方标准
《广东省火力发电企业二氧化碳排放信息报告指南（试行）》	
《广东省水泥企业二氧化碳排放信息报告指南（试行）》	
《广东省钢铁行业二氧化碳排放信息报告指南（试行）》	
《广东省石化企业二氧化碳排放信息报告指南（试行）》	
《广州碳排放权交易所（中心）碳排放权交易规则》	交易所文件
《广州碳排放权交易所（中心）会员管理暂行办法》	

表 5-5 天津市碳排放权交易试点主要文件

文件名称	性质
《天津市碳排放权交易试点工作实施方案》	政府文件
《天津市发展改革委关于开展碳排放权交易试点工作的通知》	
《天津市碳排放权交易管理暂行办法》	政府规章
《天津市碳排放权交易试点纳入企业碳排放配额分配方案（试行）》	
《天津市碳排放配额登记注册系统操作指南（试行）》	
《天津市电力热力行业碳排放核算指南（试行）》	地方标准
《天津市钢铁行业碳排放核算指南（试行）》	
《天津市炼油和乙烯行业碳排放核算指南（试行）》	
《天津市化工行业碳排放核算指南（试行）》	
《天津市其他行业碳排放核算指南（试行）》	
《天津排放权交易所碳排放权交易规则（试行）》	交易所文件
《天津排放权交易所碳排放权交易风险控制管理办法（试行）》	
《天津市碳排放权交易所碳排放权交易结算细则（试行）》	

表 5-6 湖北省碳排放权交易试点主要文件

文件名称	性质
《湖北省碳排放权交易工作试点工作实施方案》	政府文件
《省发展改革委关于 2015 年湖北省碳排放权抵消机制有关事项的通知》	
《湖北省碳排放权管理和交易暂行办法》	政府规章
《湖北省碳排放权配额分配方案》	
《湖北省碳排放配额投放和回购管理办法（试行）》	
《湖北省工业企业温室气体排放监测、量化和报告指南（试行）》	地方标准
《湖北省温室气体排放核查指南（试行）》	
《湖北碳排放权交易中心碳排放权交易规则》	交易所文件
《湖北碳排放权交易中心配额托管业务实施细则（试行）》	
《湖北碳排放权交易中心碳排放权现货远期交易风险控制管理办法》	
《湖北碳排放权交易中心碳排放权现货远期交易履约细则》	
《湖北碳排放权交易中心碳排放权现货远期交易结算细则》	
《湖北碳排放权交易中心碳排放权现货远期交易规则》	

表 5-7 重庆市碳排放权交易试点主要文件

文件名称	性质
《关于碳排放管理有关事项的决定》(征求意见稿)	人大会议文件
《重庆市碳排放权交易管理暂行办法》	地方规章

续表

文件名称	性质
《重庆市碳排放权交易试点实施方案》	政府文件
《重庆市碳排放配额管理细则》	政府规章
《重庆市企业碳排放核算、报告和核查细则》	
《重庆市企业碳排放核查工作规范》	
《重庆联合产权交易所碳排放交易细则（试行）》	交易所文件
《重庆联合产权交易所碳排放交易违规违约处理办法（试行）》	
《重庆联合产权交易所碳排放交易信息管理办法（试行）》	
《重庆联合产权交易所碳排放交易风险管理办法（试行）》	
《重庆联合产权交易所碳排放交易结算管理办法（试行）》	

二、行业与气体的覆盖范围

一般情况下，碳市场的覆盖范围是指市场纳入的行业范围和温室气体范围。为了在试点初期碳交易机制能够顺利推行，各个试点市场大多遵循“抓大放小、先易后难”的原则，同时结合各自区域减排的难度确定了纳入的行业企业和管控的温室气体类型。从行业看，碳试点市场覆盖了地区所有高能耗行业，例如电力、热力、化工、钢铁、建材等；同时，北京、上海、深圳还纳入了商业、宾馆、金融等服务业和建筑业。在管控的温室气体方面，只有重庆覆盖了 6 种温室气体，其他市场在试点阶段则仅覆盖了二氧化碳（见表 5 - 8）。

表 5 - 8　　各试点碳市场覆盖行业和气体的比较

试点地区	气体	行业	纳入标准
深圳	二氧化碳	电力、水务、燃气、制造业等 26 个行业、公共建筑和交通领域	①任意一年的碳排放量达到 3000t 二氧化碳当量以上的企业；②大型公共建筑和建筑面积达到 1 万 m^2 以上的国家机关办公建筑的业主；③自愿加入并经主管部门批准纳入碳排放控制管理的碳排放单位；④市政府指定的其他碳排放单位
上海	二氧化碳	钢铁、化工、电力、宾馆、商场、港口、机场、航空等	①工业：2010—2011 年中任一年二氧化碳排放 2 万 t 及以上；②非工业：2010—2011 年中任一年二氧化碳排放 1 万 t 及以上
北京	二氧化碳	电力、热力、水泥、石化、其他工业及服务业	年二氧化碳直接排放量与间接排放量之和大于 1 万 t
广东	二氧化碳	电力、钢铁、石化、水泥	4 个行业中年排放 2 万 t 二氧化碳（或年综合能源消费量 1 万 t 标准煤）及以上的企业
天津	二氧化碳	钢铁、化工、电力、热力、石化、油气开采、民用建筑领域	2009 年以来年排放二氧化碳 2 万 t 以上
湖北	二氧化碳	电力、钢铁、水泥、化工等 12 个行业	2010—2011 年任一年，年综合能耗 6 万 t 标准煤及以上的工业企业

续表

试点地区	气体	行业	纳入标准
重庆	6种温室气体	电解铝、铁合金、电石、烧碱、水泥、钢铁	年度温室气体排放量达到1.3万t二氧化碳当量（综合能源消费量约5000t标准煤）及以上的工业企业

三、总量设定

碳配额总量是碳交易市场中的重要决策。作为发展中国家，我国经济仍在快速增长期。因此，在短期内还不适合制定绝对量化的减排目标，而是制定适度增长的量化控制目标。除重庆外，其余6个碳试点市场均采取“相对总量控制原则”，即以“碳排放强度一定比例下降”为目标，稳步实现低碳经济转型。重庆则偏向于绝对总量控制，即通过年度排放量的下降程度推算总量，推行压力相对较大。此外，各试点地区的经济规模、经济结构、能源消耗等存在着很大差异，因此各碳交易市场在设置碳配额总量目标时也各不相同，见表5-9。

表5-9　各试点碳市场配额总量和管控目标对比

试点地区	管控目标	配额总量
深圳	2015年碳强度下降21% 2015年单位生产总值能耗下降19.5%	1.02亿t（3年累加数据）
上海	2015年碳强度下降19% 2015年单位生产总值能耗下降18%	1.6亿t（3年累加数据）
北京	2015年碳强度下降18% 2015年单位生产总值能耗下降17%	1亿t（3年累加数据；2014年约0.5亿t）
广东	2015年碳强度下降19.5% 2015年单位生产总值能耗下降18%	4.08亿t（2015年数据，控排企业配额3.7亿t，储备配额0.38亿t）
天津	2015年碳强度下降19% 2015年单位生产总值能耗下降18%	1.6亿t（每年年度数据）
湖北	2015年碳强度下降17% 2015年单位生产总值能耗下降16%	3.24亿t（2014年年度数据）
重庆	2015年前，按逐年下降17% 2015年单位生产总值能耗下降20.9%	1.16亿t（2014年年度数据）

注　表中2015年下降幅度的参照基数为2010年。

四、配额分配方法

在7个试点碳市场中，绝大多数市场采取的是免费发放配额的方式，只有个别市场尝试了拍卖分配方式，并且拍卖配额的比例较少。在免费发放配额的情况下，又主要依据历史法和基准线法作为具体的分配原则。历史分配法是采用过去3～5年的排放数据为参考分配配额；而对于电力、水泥等产品种类单一、数据获取较容易的行业，则尝试采用了基准线法。此外，还有少数采取了行业先进值分配法、实际排放量分配法等，见表5-10。

表 5-10　有关配额分配方式的对比

试点地区	总体分配方法	免费配额确定标准
深圳	①免费和有偿分配两种；②免费分配不得低于配额总量的 90%；③有偿分配可采用固定价格出售和拍卖；④拍卖出售的配额数量不得高于当年年度配额总量的 3%	历史强度法和基准线法
上海	免费分配	历史排放法和基准线法
北京	2013 年和 2014 年是免费发放	历史排放法、历史强度法和基准线法
广东	①免费和有偿分配两种；②2013 年：97%免费、3%有偿，并且购买有偿配额才能获得免费配额；③2014 年和 2015 年：电力企业免费配额比例为 95%，钢铁、石化和水泥企业免费配额比例为 97%	历史排放法和基准线法
天津	①免费发放为主、拍卖或固定价格出售为辅；②拍卖或固定价格出售仅在价格波动较大时使用	历史排放法、历史强度法和基准线法
湖北	①企业年度碳排放初始配额和企业新增预留配额，无偿分配；②政府预留配额一般不超过配额总量的 10%，用于调控碳配额价格	历史排放法
重庆	2015 年以前免费发放	实施企业申报制度

五、监测、报告与核查机制（MRV）

该机制是获取碳排放数据并且保证数据准确真实的重要渠道，数据也是碳市场公平有效的重要基础。各试点市场均针对各个行业制定出台了数据监测及报告的方法，以及第三方核查机构的工作规范。同时，还建立了碳排放数据电子报送系统，便于企业数据的监测、记录、上报，也便于第三方机构和政府的监督核查。

六、交易情况与履约机制

各试点市场均对控排企业的履约流程、时间节点、提交材料清单、处罚措施等有明确规定，对企业履约具有强制性，见表 5-11。

七、抵消机制

所有试点市场都允许用国家签发的核证自愿减排量即 CCER 抵消一部分配额，但也都设置了一定的抵消规则，例如明确规定了抵消比例、CCER 来源的项目类型、时间和地域等，以此来控制 CCER 对碳配额的替代程度，也是在一定程度上控制了市场碳配额供给以及配额价格，见表 5-12。

八、市场风险调控机制

为防止碳交易市场上碳配额价格剧烈波动，控制市场风险，各试点市场均采取了一定的风险调控机制。例如，深圳市场设置了价格平抑储备机制和配额回购机制；广东则预留出 5%的配额，在价格过高、配额稀缺时，再增加配额供给量；北京市场建立了价格预警机制，在出现价格异常时通过拍卖或回购配额的方式调节配额供给需求，以实现稳定价格、控制风险的目的。

表 5-11　七试点市场交易与履约情况比较

试点地区	启动时间	交易主体	交易方式	交易平台	交易品种	履约时间节点	履约处罚
深圳	2013 年 6 月	控排企业、境内外机构、个人	挂牌点选、协议转让	深圳排放权交易所	配额（代码 SZA）；核证减排量；其他交易品种	6 月 30 日前	对交易主体、机构、核查机构违规者处 5 万～10 万元罚款；对违约企业在下一年度配额中扣除未足额清缴部分，按市场均价的 3 倍罚款
上海	2013 年 11 月	控排企业、境内外机构	连续挂牌竞价、协议转让、拍卖	上海环境能源交易所	碳排放配额（代码 SHEA）；CCER；其他交易品种	6 月 1 日至 6 月 30 日	对违约企业罚款 5 万～10 万元，记入信用记录，向工商、税务、金融等部门通报
北京	2013 年 11 月	控排企业、境内外机构、个人	公开交易，协议转让	北京环境交易所	碳排放配额（代码 BEA）；CCER；其他交易产品	6 月 15 日前	未按规定报送碳排放报告或核查报告可处 5 万元以下罚款。未足额清缴部分按市场均价 3～5 倍罚款
广东	2013 年 12 月	控排企业、境内外机构、个人	挂牌竞价、挂牌点选、单向竞价、协议转让	广州碳排放权交易所	广东省碳排放权配额（代码 GDEA）；CCER；其他交易品种	6 月 20 日前	未监测和报告罚款 1 万～3 万元；扰乱交易秩序罚款 15 万元；违约配额以市场均价 1～3 倍但不超过 15 万元罚款，在下一年双倍扣除违约配额
天津	2013 年 12 月	控排企业、机构、个人	拍卖、协议转让	天津排放权交易所	碳配额产品（代码 TJEA）；CCER	5 月 31 日前	对交易主体、机构、第三方核查机构等违规行为责令限期改正。对违约企业责令限期改正，3 年内不享受优惠政策
湖北	2014 年 4 月	控排企业、机构、个人	连续挂牌竞价、协议转让、拍卖	湖北碳排放权交易中心	碳排放配额（代码 HBEA）；中国核证自愿减排量（CCER）	5 月最后一个工作日前	不报告罚款 1 万～3 万元，不核查罚款 1 万～3 万元；对违约企业在下一年度配额中扣除未足额清缴部分 2 倍配额，罚款 5 万元
重庆	2014 年 6 月	控排机构、企业、个人	公开竞价、协议转让、挂牌点选	重庆碳排放权交易中心	碳排放配额和其他经国家和本市批准的交易品种	6 月 20 日前	未报告核查罚款 2 万～5 万元，虚假核查罚款 3 万～5 万元；违约配额按清缴届满前一个月配额平均价格的 3 倍处罚

表 5 - 12　　7 个试点碳市场抵消项目类型、地域限制和时间限制

试点	抵消信用类型	项目类型限制	项目地域限制	项目时间限制
深圳	CCER	风力发电、太阳能发电和垃圾焚烧发电项目	减排项目必须来自于：梅州、河源、湛江、汕尾等省内地区；新疆、西藏、青海、宁夏、内蒙古、甘肃、陕西、安徽、江西、湖南、四川、贵州、广西、云南、福建、湖南等省份；与本市签署碳交易区域战略合作协议的其他省份或者地区	无
		农村户用沼气和生物质发电项目	来自于本市以及与本市签署碳交易区域战略合作协议的省份或者地区	
		清洁交通减排和海洋固定碳减排项目	来自于本市以及与本市签署碳交易区域战略合作协议的省份或者地区	
		林业碳汇项目和农业减排项目	无地域限制	
		深圳市企业在全国投资开发的减排项目	无项目类型和地域限制	
上海	CCER	无	无具体限制	2013 年 1 月 1 日后实际产生的减排量
北京	CCER	不可使用来自减排氢氟碳化物（HFCs）、全氟化碳（PFCs）、氧化亚氮（N_2O）、六氟化硫（SF_6）气体的项目及水电项目的减排量	京外项目不得超过核发配额的 2.5%；优先使用河北、天津等与本市签署合作协议地区的 CCER	2013 年 1 月 1 日后实际产生的减排量
	节能项目碳减排量	须实际产生了碳减排量的节能项目；重点排放单位实施的节能项目产生的碳减排量除外；未完成国家、本市或所在区县上年度的节能目标的单位实施的节能项目产生的碳减排量除外	北京市行政辖区内	本市行政辖区内 2013 年 1 月 1 日后签订合同的合同能源管理项目或 2013 年 1 月 1 日后启动实施的节能技改项目
	林业碳汇项目碳减排量	用于抵消的林业碳汇项目业主应具备所有地块的土地所有权或使用权的证据	北京市辖区内	碳汇造林项目：2005 年 2 月 16 日以来的无林地；森林经营碳汇项目：2005 年 2 月 16 日之后开始实施

续表

试点	抵消信用类型	项目类型限制	项目地域限制	项目时间限制
广东	CCER	主要来自CO_2、CH_4减排项目，即这两种温室气体的减排量应占该项目所有温室气体减排量的50%以上；不能来自水电项目，也不能来自使用煤、油和天然气（不含煤层气）等化石能源的发电、供热和余能（含余热、余压、余气）利用的项目	减排项目70%以上应当是广东省温室气体自愿减排项目产生；不能使用广东省规定管控单位在其排放边界范围内产生的CCER	不可以使用来自联合国清洁发展机制执行理事会注册前就已经产生减排量的清洁发展机制项目所产生的CCER
天津	CCER	仅可以来自二氧化碳气体项目，不可使用来自水电项目的减排量	无具体限制；优先使用京津冀地区自愿减排项目产生的减排量；不能使用本市及其他碳交易试点省市纳入企业排放边界范围内的CCER	2013年1月1日后实际产生的减排量
湖北	CCER	不可使用来自大、中型水电类项目	湖北省省内项目；合作省市项目（备案CCER，年度用于抵消量不高于5万t）	已经由国家发展和改革委员会备案的减排量100%可用于抵消；未备案减排量按不高于项目有效计入期（2013年1月1日～2015年5月31日）内减排量的60%的比例用于抵消
重庆	CCER	非水电项目	无	减排项目应于2010年12月31日后投入运行（碳汇项目不受此约束）

第三节　全国碳排放权交易市场

一、全国碳排放权交易市场基本情况

（一）全国碳市场建设阶段

2017 年 12 月 18 日，国家发展改革委公布了《全国碳排放权交易市场建设方案（发电行业)》，将全国碳市场的建设过程分为以下三个阶段。

第一阶段：基础建设阶段。在此阶段，完成全国统一的数据报送系统、注册登记系统和交易系统等三大系统的建设；抓紧提升各类主体交易能力和管理能力；全力开展碳市场相关制度体系的建设。

第二阶段：模拟运行阶段。开展发电行业配额交易的模拟运行，加强各部门、各环节之间的协调性，发现碳交易中存在的问题，及时调整，检验碳市场交易流程的有效性和可靠性，强化市场风险预警防控机制，完善碳市场管理制度。

第三阶段：深化完善阶段。首先纳入发电行业，开展碳配额现货交易。在履约时，履约部分的配额需要注销，剩余配额可跨期转让和交易。在发电行业履约成熟后，逐步增加市场覆盖的行业，并不断丰富碳市场交易的产品品种和交易方式，尽快将 CCER 纳入全国碳市场。

（二）全国碳市场初期运行情况

2021 年 1 月，生态环境部发布了《碳排放权交易管理办法（试行)》，全国碳市场的第一个履约周期从 2021 年 2 月 1 日开始至 12 月 31 日截止。2021 年 7 月 16 日，全国碳排放权交易市场（下简称全国碳市场）启动上线交易，作为第一个履约周期，纳入发电行业重点排放单位 2162 家，覆盖约 45 亿 t 二氧化碳排放量，是全球规模最大的碳市场。全国碳市场首日交易配额 420 万 t，交易额 2.1 亿元。截至 2021 年 12 月 31 日，全国碳市场第一个履约周期顺利完成，碳排放配额累计成交量 1.79 亿 t，累计成交额 76.61 亿元人民币，履约完成率 99.5%（按履约量计）。2022 年全年，全国碳市场碳排放配额（CEA）总成交量逾 5088.9 万 t，总成交额 28.14 亿元。最高成交价每吨 61.60 元，最低成交价每吨 50.54 元，本年度最后一个交易日收盘价为每吨 55.00 元，较上年度最后一个交易日上涨 1.44%。截至 2022 年年底，全国碳市场碳排放配额（CEA）累计成交量229 678 843t，累计成交额10 475 234 717.27元。

经过第一个履约周期的建设和运行，全国碳市场已经完成基本框架制度的建立，理顺了关键流程环节之间的关系，初步发挥了碳价发现机制作用，大大提升了企业温室气体控排意识和绿色低碳转型的能力，实现了碳市场的预期建设目标。下一步，将进一步完善市场功能，逐步扩大全国碳市场的行业覆盖范围，丰富交易主体、交易品种和交易方式。

（三）全国碳市场制度体系建设

我国碳市场的制度体系主要包括顶层制度设计、配套法律法规和技术规范等三个部分，见图 5 - 1。顶层制度主要解决政府及参与主体的权利、责任和义务等法律问题；配套法律法规主要从各个要素层面解决碳排放权交易相关方的法律问题；技术规范则是指导碳交易行为的标准和规范。

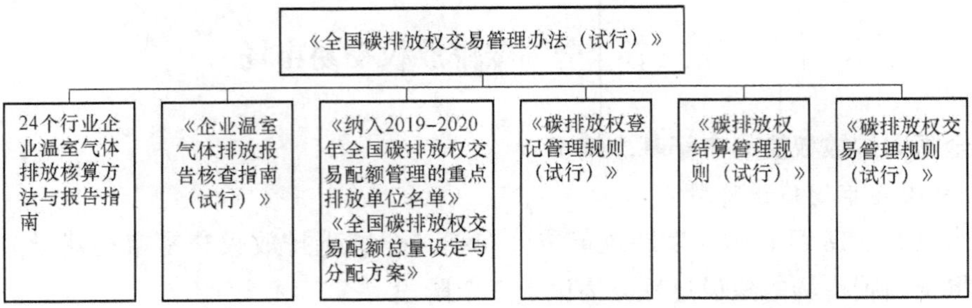

图 5-1　全国碳市场制度体系

1. 顶层制度

自 2010 年《中华人民共和国应对气候变化法》开始制定以来经多次修订，至今尚未正式通过，因没有应对气候变化的上位法，所以无法在全国人大层面针对碳交易正式立法。但是，建立全国碳交易市场在国家的多个顶层政策中都有提及，见表 5-13。2021 年 1 月生态环境部公布了《全国碳排放权交易管理办法（试行）》，同年 2 月正式生效，成为碳市场现行实际指导文件，未来将被《碳排放权交易管理暂行条例》取代。

表 5-13　关于建立全国碳市场的顶层制度

序号	顶层政策	相关表述
1	《中华人民共和国国民经济和社会发展第十二个五年规划纲要》	提出“逐步建立碳排放权交易市场”
2	《中华人民共和国国民经济和社会发展第十三个五年规划纲要》	提出建立健全用能权、用水权、碳排放权初始分配制度，创新有偿使用、预算管理、投融资机制，培育和发展交易市场
3	《中华人民共和国国民经济和社会发展第十四个五年规划和 2035 年远景目标纲要》	提出推进排污权、用能权、用水权、碳排放权市场化交易
4	《中共中央关于全面深化改革若干重大问题的决定》	提出“发展环保市场，推行节能量、碳排放权、排污权、水权交易制度，建立吸引社会资本投入生态环境保护的市场化机制，推行环境污染第三方治理”
5	《生态文明体制改革总体方案》	提出“深化碳排放权交易试点，逐步建立全国碳排放权交易市场”
6	《关于建立健全生态产品价值实现机制的意见》	提出建设全国碳市场，通过碳排放权等生态权益的市场化交易推动生态文明建设
7	《关于构建绿色金融体系的指导意见》	提出“促进建立全国统一的碳排放权交易市场和有国际影响力的碳定价中心。有序发展碳远期、碳掉期、碳期权、碳租赁、碳债券、碳资产证券化和碳基金等碳金融产品和衍生工具，探索研究碳排放权期货交易”
8	《碳排放权交易管理暂行办法》	明确全国统一碳排放权交易市场的基本框架，指导后续全国碳市场建设
9	《全国碳排放权交易管理办法（试行）》	全国碳市场现行指导意见

2. 配套政策

在顶层制度的指引下，针对碳排放数据监测、报告、核查，覆盖范围确定，总量设定与分配，交易结算等具体环节，国家发展改革委、生态环境部陆续出台了一系列具体的配套政策文件，包括政府管理办法、行业技术指南、政府工作通知、配套支撑机构工作标准等。

（1）碳排放数据监测、报告、核查方面。国家发展改革委在2013—2015年期间，先后分三批公布了24个行业企业温室气体排放核算方法与报告指南（简称核算指南），为全国碳排放权交易活动提供了数据核算的统一技术标准。2021年3月，生态环境部发布了《企业温室气体排放报告核查指南（试行）》，规范了第三方核查工作要求和技术规范。

（2）碳市场覆盖范围方面。各排放企业需要根据自身的年度碳排放规模和国家年度数据报告核查工作通知要求，确认自己是否报告碳排放数据。2020年12月29日，生态环境部印发了《纳入2019—2020年全国碳排放权交易配额管理的重点排放单位名单》，明确了纳入2019—2020年全国碳排放权交易配额管理的企业。

（3）配额总量设定、分配和履约方面。2016年，国家发展改革委发布了《全国碳排放权交易配额总量设定与分配方案》，提出了配额分配的总体方案；2020年12月29日，生态环境部印发了《2019—2020年全国碳排放权交易配额总量设定与分配实施方案（发电行业）》；2021年10月23日，生态环境部印发了《关于做好全国碳排放权交易市场第一个履约周期碳排放配额清缴工作的通知》，明确了全国碳市场第一个履约期的工作要求。

（4）注册登记方面。2021年5月14日，生态环境部发布了《碳排放权登记管理规则（试行）》，注册登记系统由湖北碳排放权交易中心负责建设，为此，湖北碳排放权交易中心同时还编写了碳市场注册登记系统操作手册和使用指南。

（5）交易结算方面。2021年5月14日，生态环境部发布了《碳排放权交易管理规则（试行）》，确定了国家主管机构、交易所、企业和其他参与者的权利和责任；上海环境能源交易所牵头负责全国碳排放权交易平台的建设，并发布了《关于全国碳排放权交易相关事项的公告》，编写了交易系统的操作手册和使用指南；2021年5月14日，生态环境部发布了《碳排放权结算管理规则（试行）》，由湖北碳排放权交易中心负责牵头建设运行碳排放权结算系统。

二、全国碳排放权交易市场的核心构成要素

（一）全国碳市场的覆盖范围

在全国碳市场运行的初期阶段，很多环节还需要进一步检验、探索和磨合，因此，在选定覆盖范围时采取了“抓大放小，先易后难”的原则，即选择那些碳排放量规模大并且碳排放数据质量高、容易获取的行业企业先行纳入履约。与此同时，逐步加强其他暂未纳入行业企业的数据监测、统计、汇报的制度建设、基础设施建设和人才培养，有计划地将未纳入履约的企业纳入温室气体报告范围。待碳市场运行相对成熟且碳排放数据积累较好时，再按照“成熟一个，纳入一个”的原则，分批逐步扩大市场覆盖范围，增加碳市场交易主体数量，提升全国碳交易市场在国家节能减排中的作用。

全国碳市场首先纳入履约的是发电行业，作出这样的选择主要是考虑到以下几方面原因：

第一，发电行业及其单个发电企业碳排放量规模大，管理成本相应较低。据估计，全国

碳市场纳入的发电行业每年碳排放量约45亿t，占全国能源消费碳排放量的40%以上，其规模之大已经远远超过了全球第二大碳交易市场——欧盟碳市场（欧盟碳市场覆盖碳排放量约16亿t）。从单个发电企业的碳排放规模来看，基本都在百万吨级别。大规模的碳排放量可以促进碳市场交易的活跃度，提高市场运行效率，降低单位碳排放量的管理成本和交易成本。

第二，发电行业具有非常好的数据基础，有利于碳交易的实施。发电企业多为集团式，管理规范严格，基本上都具有完善的数据统计制度和专门的统计人员，数据基础和数据积累较好。高质量的数据基础有助于开展碳排放监测、核算工作，并且数据获取和处理成本相对较低，便于全国碳交易制度的进一步完善补充。

第三，发电行业的产品和技术单一，同质性强，具有可比性，便于设计行业共享的基准线。碳市场开放初期，配额基本以免费发放为主，后期会逐渐增加有偿分配比例。在众多免费发放配额的方式中，基准线法最能够有效激励企业采取减排行为，而发电行业自身的技术特征非常适合设立行业基准线，因此，初期纳入发电行业有很大优势。

第四，发电行业多为集团化模式，具有规模化和规范化特征，管理能力强，人力资源丰富，便于碳交易运行管理。从最初参与CDM项目，到后来参与地方碳试点交易，历时10多年，对碳减排、碳交易的理论背景、操作流程、实践策略等相对熟悉，在碳人才储备、数据储备、制度储备方面都具有优势，且多是中央企业或地方国有企业，便于国家落实减排政策，推行碳交易制度相对容易。

为下一步纳入更多行业，生态环境部于2021年3月发布了《关于加强企业温室气体排放报告管理相关工作的通知》，规定发电、石化、化工、建材、钢铁、有色、造纸、航空等八大重点排放行业中，2013—2020年期间任一年度温室气体排放量达2.6万t二氧化碳当量[1]及以上的企业或其他经济组织（以下简称重点排放单位），均需报告经过核查的温室气体排放量。如果2018年以来连续两年温室气体排放量未达到2.6万t二氧化碳当量，或者因停业、关闭或其他原因不再从事生产经营活动，因而不再排放温室气体的，不纳入数据报告核查工作范围。据统计，符合上述要求的企业有7000多家，年碳排放量60亿～70亿t，占我国能源消费碳排放量比例超过60%。

（二）全国碳市场的配额总量

全国碳市场配额总量的设置，需要综合考虑经济发展目标和碳减排目标，协调好经济稳步增长与生态环境之间的关系。配额总量设置过紧，可能增加企业成本负担，阻碍经济发展；设置过松则导致配额供给过剩，碳配额价格较低，控排企业履约压力小，减排动力不足。因此，我国在制定碳市场配额时采取了“自下而上”“适度从紧”“循序渐进”的原则。

根据国家发展改革委2016年发布的《全国碳排放权交易配额总量设定与分配方案》，按照自下而上的原则，由各省级碳排放权交易主管部门按照统一配额分配方法分别核算出所辖区域内重点排放单位的配额数量，加总形成各省级碳排放配额总量，各省级碳排放配额加总形成全国碳排放权交易配额总量。

（三）全国碳市场配额分配方法

全国碳市场配额分配方案的确立，经历了如下几个阶段：

---

[1] 按照我国的能源消费结构现状，综合能源消费量1万t标准煤约排放2.6万t二氧化碳。同时，我国在能源管理过程中，习惯上将年综合能耗1万t标准煤的企业列为重点能耗管理企业。

（1）2016 年，国家发展改革委发布《全国碳排放权交易配额总量设定与分配方案》，规定在全国碳市场启动初期，采用基准线法和历史强度法免费分配配额。在碳市场逐渐成熟后，适时开展有偿分配，并逐步提升有偿分配的比例。

（2）2017 年 5 月召开了全国碳排放权交易市场碳配额分配试算工作培训会，会上公开了全国碳市场的配额分配方案中电力、水泥和电解铝行业配额分配方案的讨论稿，总体思路是采取“基于实际产出的基准线法”分配配额。

（3）依据各方反馈意见和最新的企业年度碳排放核查数据，生态环境部于 2019 年公布了《2019 年发电行业重点排放单位（含自备电厂、热电联产）二氧化碳排放配额分配实施方案（试算版）》，并再次征求行业意见。

（4）2020 年 8 月，生态环境部再次更新配额分配试算方案，并于 2020 年 12 月发布了《2019—2020 年全国碳排放权交易配额总量设定与分配实施方案（发电行业）》，最终明确了现行的发电行业配额分配方法。

（5）基准线法和历史强度法公式如下。

1）基准线法。

单位配额＝行业基准×实物产出量

其中，行业基准为每个行业单位实物产出二氧化碳排放的先进值，该数值将根据企业历史碳排放数据、技术水平和整个行业的发展状况等作出调整；实物产出量为企业当年的实际产出数据量。

2）历史强度法。

单位配额＝历史强度值×减排系数×实物产出量

其中，历史强度值是根据历史若干年份、重点排放单位及其主要排放设施单位实物产出的二氧化碳排放量；减排系数体现的是每个行业的减排力度，具有行业差异性，是国家主管部门根据历史数据情况确定的；实物产出量是指企业当年的实际产出数据量。

3）其他方法。当基准线法和历史强度法不适用时，将采取其他方法进行配额免费发放。

全国碳市场各行业企业配额分配方法见表 5-14。

表 5-14　全国碳市场各行业企业配额分配方法

国民经济行业分类	企业子类	配额分配方法
电力、热力生产和供应业	纯发电	基准法
	热电联产	历史强度法
	电网	历史强度法
石油加工、炼焦和核燃料加工业	原油加工	基准法
化学原料和化学制品制造业	乙烯	基准法
	合成氨	基准法
	电石	基准法
	甲醇	基准法
非金属矿物制品业	水泥熟料	基准法
	平板玻璃	基准法

续表

国民经济行业分类	企业子类	配额分配方法
有色金属冶炼和压延加工业	电解铝	基准法
	铜冶炼	历史强度下降法
黑色金属冶炼和压延加工业	钢铁	历史强度下降法
造纸和纸制品业	纸浆制造	历史强度下降法
	机制纸和纸板	历史强度下降法
航空运输业	航空旅客运输	基准法
	航空货物运输	基准法
	机场	历史强度下降法

在采取基准线法或历史强度法进行免费配额分配时，并不限制企业的产量，而是仅针对企业单位产品的碳排放强度提出限制，这意味着企业实际产量越高，配额总量就越多。同时，如果企业能够积极采取减排措施，使自身排放强度低于国家行业基准线水平，或者低于历史强度下降率要求，那么实际产量越高，企业剩余的配额就越多，剩余的配额也就意味着可观的经济收益。这种逻辑思路与我国当前的碳排放状况以及碳达峰碳中和目标是相匹配的。

（四）全国碳市场的MRV制度

MRV制度即碳排放量的监测、报告与核查制度，建立该套制度的最终目的是帮助企业完整准确地理解数据监测、核算、报告的政策要求，规范数据监测、报告与核算工作的规范性和合理性，保证全国碳市场体系下重点排放企业排放数据的真实性和准确性。为此，国家发展改革委组织了2013—2015年和2016—2017年两次企业温室气体排放数据报告核查，生态环境部组织完成了2018—2020年度温室气体排放数据报告核查，形成了常态化的碳排放数据报告核查工作。

1. 温室气体排放核算指南

截至2017年年底，国家发展改革委共发布了三批24个重点行业温室气体核算指南（见表5-15）。每份核算指南都明确阐述了“适用范围、引用文件和参考文献、术语及定义、核算边界、核算方法、质量保证和文件存档、报告内容和格式规范”等七部分内容，为重点排放企业准确客观监测、报告和核查碳排放数据提供了重要依据。

表5-15 我国重点行业温室气体核算指南

序号	2013年10月通过的第一批核算指南
1	《中国发电企业温室气体排放核算方法与报告指南（试行）》
2	《中国电网企业温室气体排放核算方法与报告指南（试行）》
3	《中国钢铁生产企业温室气体排放核算方法与报告指南（试行）》
4	《中国化工生产企业温室气体排放核算方法与报告指南（试行）》
5	《中国电解铝生产企业温室气体排放核算方法与报告指南（试行）》
6	《中国镁冶炼企业温室气体排放核算方法与报告指南（试行）》

续表

序号	2013 年 10 月通过的第一批核算指南
7	《中国平板玻璃生产企业温室气体排放核算方法与报告指南（试行）》
8	《中国水泥生产企业温室气体排放核算方法与报告指南（试行）》
9	《中国陶瓷生产企业温室气体排放核算方法与报告指南（试行）》
10	《中国民航企业温室气体排放核算方法与报告指南（试）》
	2014 年 12 月通过的第二批核算指南
1	《中国石油和天然气生产企业温室气体排放核算方法与报告指南（试行）》
2	《中国石油化工企业温室气体排放核算方法与报告指南（试行）》
3	《中国独立焦化企业温室气体排放核算方法与报告指南（试行）》
4	《中国煤炭生产企业温室气体排放核算方法与报告指南（试行）》
	2015 年通过的第三批核算指南
1	《造纸和纸制品生产企业温室气体排放核算方法与报告指南（试行）》
2	《其他有色金属冶炼和压延加工业企业温室气体排放核算方法与报告指南（试行）》
3	《电子设备制造企业温室气体排放核算方法与报告指南（试行）》
4	《机械设备制造企业温室气体排放核算方法与报告指南（试行）》
5	《矿山企业温室气体排放核算方法与报告指南（试行）》
6	《食品、烟草及酒、饮料和精制茶企业温室气体排放核算方法与报告指南（试行）》
7	《公共建筑运营单位（企业）温室气体排放核算方法和报告指南（试行）》
8	《陆上交通运输企业温室气体排放核算方法与报告指南（试行）》
9	《氟化工企业温室气体排放核算方法与报告指南（试行）》
10	《工业其他行业企业温室气体排放核算方法与报告指南（试行）》

2. 全国碳市场 MRV 工作流程

（1）纳入的重点排放企业需要在每年年底之前向主管机构报送下一年温室气体排放监测计划，同时需要在每年第一季度编制上一年温室气体排放报告。

（2）国家备案的第三方核查机构对企业温室气体排放情况进行核查，在核查通过的情况下出具核查报告，上报主管机构。

（3）主管机构依据第三方核查机构出具的核查结论，审批企业的年度温室气体排放量。

（五）全国碳市场的履约制度

1. 履约时间与要求

生态环境部印发的《关于加强企业温室气体排放报告管理相关工作的通知》中规定：在 2021 年 9 月 30 日前完成发电行业重点排放单位 2019—2020 年度的配额核定工作，2021 年 12 月 31 日前完成配额的清缴履约工作。

《碳排放权交易管理办法（试行）》规定，重点排放单位应当在生态环境部规定的时限内，向分配配额的省级生态环境主管部门清缴上一年度的碳排放配额。清缴量应当大于等于省级生态环境主管部门核查确认的该单位上一年度温室气体实际排放量。但是，在实际操作中，结合发电企业的具体情况，对配额清缴的数量提出了一些进一步的规定。

（1）针对燃煤机组，在配额清缴相关工作中设定“配额履约缺口上限”，其值为重点排放单位经核查排放量的20%，即当重点排放单位配额缺口量占其经核查排放量比例超过20%时，其配额清缴义务最高为其获得的免费配额量加20%的经核查排放量。

（2）为鼓励燃气机组的发展，在燃气机组配额清缴工作中，当燃气机组经核查排放量不低于核定的免费配额量时，其配额清缴义务为已获得的全部免费配额量；当燃气机组经核查排放量低于核定的免费配额量时，其配额清缴义务为与燃气机组经核查排放量等量的配额量。[1]

上述两条规定表明，生态环境部为燃煤机组设置了20%的亏损上限[2]；相对效率较低的燃气机组不需承担额外的碳成本，而技术先进的燃气机组则可以出售剩余碳配额以获取收益。

此外，针对全国碳市场的配额存储、预借、有效期等问题，目前还没有明确规定。

2. 对未履约情况的惩罚

按照《碳排放权交易管理办法（试行）》的规定，如果重点排放企业未能在规定时间内足额清缴碳排放配额，由其生产经营场所所在地设区的市级以上地方生态环境主管部门责令限期改正，并处2万至3万元的罚款；逾期未改正的，对欠缴部分，由重点排放单位生产经营场所所在地的省级生态环境主管部门等量核减其下一年度碳排放配额。总体上看，目前的未履约处罚力度较小。

（六）全国碳市场的抵消机制

生态环境部在《碳排放权交易管理办法（试行）》中规定，重点排放单位可以使用CCER抵消碳排放配额的清缴，但抵消比例不得超过应清缴碳排放配额的5%，并且用于抵消的CCER不得来自纳入全国碳市场配额管理的减排项目。2021年10月，生态环境部发布《关于做好全国碳排放权交易市场第一个履约周期碳排放配额清缴工作的通知》再次声明，符合以上标准的配额可以用于2019—2020年度全国碳市场的履约，从实际操作层面明确了CCER用于履约的合法性。此后，CCER价格迅速上涨，体现了抵消机制下配额市场与CCER联动的趋势。

第四节　国际碳排放权交易市场比较

一、全球碳排放权交易市场发展概况

经全球各国20多年的不懈努力，《联合国气候变化框架公约》《京都议定书》《巴黎协定》等具有划时代意义的重要纲领性文件陆续出台。人们也越来越意识到，治理全球气候变化问题已经迫在眉睫，能否从根本上解决困境，需要各国的协同行动。截至目前，全球已经建立了多个碳交易市场，或者正处于酝酿设计的进程中。诸多碳交易市场所覆盖的地理范围有所不同，例如，欧盟碳交易市场包含了欧盟31个国家，具有跨国属性；中国、瑞士、新

---

[1] 上述两个规定出自生态环境部印发的《2019－2020年全国碳排放权交易配额总量设定与分配实施方案（发电行业）》。

[2] 因为我国碳市场发展尚不成熟，发电企业碳成本无法向下游企业传导，为降低发电企业成本，保证发电企业正常参与碳交易，因此，对燃煤机组设置了20%的亏损上限。

西兰、澳大利亚等建立了国家层面的碳交易市场；美国区域温室气体减排行动、西部气候行动，加拿大的魁北克省碳市场和安大略省碳市场等均属于区域层面的交易市场（详见表5-16）。这些碳交易体系在纳入行业、配额分配方式、监管体制等方面具有诸多的共性，同时，也在各自的自然、经济、政治影响下而具有各自的特殊性。

表5-16　全球正在实施的碳市场

市场类型	正在实施的碳市场
跨国碳市场	欧盟碳市场
国家层面碳市场	中国、新西兰、韩国
地区层面碳市场	中国试点碳市场；美国的区域温室气体减排行动RGGI、西部气候行动WCI、中西部温室气体减排协定MGGA和加州碳市场；日本东京都碳市场、日本埼玉县碳市场；加拿大魁北克省碳市场、加拿大安大略省碳市场

2004—2014年全球配额交易量、交易金额和交易单价详见表5-17。

表5-17　全球配额交易表（2004—2014年）

年份	配额交易		
	交易量（亿t）	交易金额（亿美元）	交易单价（美元/t）
2004	0.20	16.56	82.80
2005	3.29	79.70	24.22
2006	11.34	246.99	21.78
2007	21.08	493.61	23.41
2008	32.78	1014.92	30.96
2009	73.62	1228.23	16.68
2010	77.30	1289.64	16.68
2011	85.80	1480.59	17.26
2012	106.42	854.79	8.03
2013	104.20	549.08	5.27
2014	70.17	454.53	6.48

二、全球碳排放权交易市场核心要素的比较

此部分从跨国碳市场、全国性碳市场和区域性碳市场三个层面，分别选取了欧盟碳市场EU-ETS、新西兰碳市场NZ-ETS和美国区域温室气体减排行动RGGI，对其总体情况和核心要素进行简要的比较（见表5-18）。

表5-18　全球主要碳排放权交易体系的比较

项目	欧盟碳排放权交易体系	新西兰碳排放权交易体系	区域温室气体减排行动
减排目标	2020年比2005年减排21%	2020年比1990年减排10%	到2018年电厂二氧化碳排放总量比2009年减排10%

续表

项目	欧盟碳排放权交易体系	新西兰碳排放权交易体系	区域温室气体减排行动
启动时间	2005年1月	2008年7月	2009年1月
运行阶段	(1) 2005—2007年 (2) 2008—2012年 (3) 2013—2020年 (4) 2021—2030年	(1) 2010年7月—2012年12月试运行；顺延到至少2015年 (2) 2015年形成独立国内碳市场	(1) 2009—2011年 (2) 2012—2014年 (3) 2015—2017年 (4) 2018—2020年 (5) 2021—2023年
区域	(1) 欧盟25个成员国 (2) 增加2个 (3) 增加1个	新西兰	美国东部11个州
覆盖范围	能源、炼油、炼焦、钢铁、水泥、纸浆和造纸行业的12000个排放源，覆盖欧盟温室气体排放总量的45%；2012年纳入航空业，2013年纳入石油化工、氨、铝等行业	林业（2008年）、固定能源、渔业、工业、交通、液化化石燃料（2010年）、废弃物处理、合成气体（2013年）、农业（2015年）	功率在25MW以上的电厂
配额总量	第一阶段21.8亿t，第二阶段20.8亿t，从2013年的20.4亿t下降到2020年的17.8亿t	暂无配额总量上限	2009—2011年1.88亿t；2012—2013年1.65亿t；2014—2020年从0.84亿t线性降到0.61亿t
配额分配	第一阶段和第二阶段均以“祖父法”免费分配为主，免费比例分别不低于95%和90%。第三阶段拍卖比例不低于50%，并逐步提高拍卖比例。例如电力行业100%拍卖。到2027年全部行业将100%拍卖。第三阶段时，允许部分东欧国家向电力行业免费发放配额	林业、渔业、工业和农业可以免费获得配额，其他则以每吨25新元的价格出售配额	美国RGGI市场的配额几乎都是有偿分配的，各州拍卖比例从57%至99%，平均拍卖比例为90%
抵消机制	第一阶段仅允许京都机制下CER，第二阶段增加了ERU，禁止核电、水电及林地项目，第三期只认可最不发达国家的CER和ERU。 第一、二阶段由各成员国自行决定比例，上限为排放量的13.4%，第三阶段不能超过减排量的50%	允许使用国际抵消信用（CER、ERT和ERU），不设数量限制	仅允许使用美国国内项目产生的减排信用，并且第一阶段规定了五种项目来源：废弃物CH_4项目、输配电装置SF_6项目、植树造林项目、建筑能效项目以及农业CH_4项目，第二阶段又增加了森林项目。使用比例上不能超过减排总量的3.3%，价格过高时比例可提升至5%或10%

1. 总体情况介绍

欧盟碳市场EU-ETS是跨多国、多行业的碳交易体系，也是目前启动最早、最活跃的碳市场。该市场于2005年1月正式启动，目标是在2020年比2005年减排21%。从2005年至2030年共划分了四个阶段，前两个阶段运行取得了一定的成效，并在第三阶段时对前两阶段运行时出现的问题予以纠正，例如市场覆盖的范围、总量设定和配额分配方法等。

新西兰碳市场NZ-ETS是唯一纳入林业的碳交易体系，规模较小，目标是2020年比1990年减排10%。该市场于2008年7月正式启动，2010年7月—2012年12月试运行；顺延到至少2015年，2015年后形成了独立的国内碳市场。

美国碳市场RGGI覆盖美国东部11个州，减排目标是到2018年电厂二氧化碳排放总量比2009年减排10%，2009年1月启动，2009年至2023年期间共划分了五个阶段。

2. 覆盖范围

碳市场覆盖范围一般是指覆盖行业、覆盖的温室气体类型和纳入排放源门槛等方面的规定。覆盖行业一般是碳排放量大的行业，覆盖的温室气体种类数量差异较大，但至少都包括了CO_2，都排除了一些小型的排放源（小型排放企业或设施），覆盖的温室气体占总排放量的比重较大。

各个碳市场在确定覆盖范围时都考虑以下类似的问题：第一，碳排放数据的可获得性和准确性。碳排放数据是进行碳总量设定、配额分配、碳核查、碳报告和强制履约的基础，是碳交易机制公平有效运行的保障。第二，碳排放源的规模和监管成本。一般都会选择碳排放量较大的企业或排放设施作为履约单元，抬高了入场门槛，有助于降低碳交易机制的监管成本。第三，行业的减排潜力。一般会选择在技术上具有较大减排潜力的行业，例如能源行业、工业等。随着减排技术的发展和碳市场的不断成熟，纳入的行业会逐渐增多，以发挥更大的减排效应。第四，在政治上或经济发展方面的可接受性。碳市场覆盖范围的决策也要考虑政治和经济的稳定性，有步骤地推进，避免过度的波动。

欧盟碳市场覆盖了能源、炼油、炼焦、钢铁、水泥、纸浆和造纸行业的12000个排放源，覆盖欧盟温室气体排放总量的45%；2012年纳入航空业，2013年纳入石油化工、氨、铝等行业。第一阶段和第二阶段只涵盖CO_2，在第三阶段的时候增加了N_2O和PFCs两种气体。由于第一和第二阶段时门槛设置过低，因此，在第三阶段予以修正，即允许成员国排除了年排放量小于2.5万t的小型设施，以降低监管成本。

新西兰碳市场覆盖了林业（2008年）、固定能源、渔业、工业、交通、液化化石燃料（2010年）、废弃物处理、合成气体（2013年）、农业（2015年）。在温室气体覆盖方面，包含了《京都议定书》中所有的6种气体，CO_2、CH_4、N_2O、HFCs、PFCs、SF_6等。农业碳排放数据难以准确获取，因此纳入市场时间较晚，并且选择了近似值为基础的方法学。

美国碳市场RGGI覆盖美国东部11个州中功率在25MW以上的电厂，只覆盖了CO_2一种气体。

3. 配额总量

配额总量的设定基础是减排目标和基准排放量，同时也要综合考虑行业的减排潜力、减排意愿、技术水平、经济受影响的程度和政治上的可接受度，最终经过利益相关体之间的博弈后确定。区域减排目标的分解过程可能会比较复杂，需要分阶段、分国家、分排放源与非排放源等多个层次的分解。欧盟减排目标分解非常复杂，先是在不同阶段进行分解，例如2008年至2012年的减排目标是相比1990年的水平下降8%，2013年至2020年的减排目标是相比1990年的水平下降20%。然后是成员国之间的分解，例如，2013年至2020年各成员国承担的目标从10%至49%不等。第三个层面是覆盖排放源和非覆盖排放源的分解，例如，2013年至2020年覆盖行业需减排21%，而未覆盖行业需减排10%。其他碳交易体系减排目标的分解相对简单，RGGI只涉及电力行业，其分解主要是不同阶段之间。

欧盟第一阶段的配额总量是21.8亿t，第二阶段为20.8亿t；第三阶段从2013年的20.4亿t下降到2020年的17.8亿t。新西兰暂时没有配额总量上限。美国RGGI的配额总量2009—2011年为1.88亿t，2012—2013年1.65亿t，2014—2020年从0.84亿t下降到0.61亿t。

4. 配额分配

配额分配方式包括免费发放和有偿发放两种，大多数碳市场都是同时采用这两种方式，只是比例不同。值得说明的是，从全球范围看，配额无偿分配的比例在逐渐缩小，有偿分配是大趋势；此外，不同行业或不同碳强度的排放源可能会采用不同的分配方案。

欧盟碳市场第一阶段和第二阶段均以“祖父法”免费分配为主，免费比例分别不低于95%和90%。第三阶段拍卖比例不低于50%，并逐步提高拍卖比例。例如电力行业100%拍卖。到2027年全部行业将100%拍卖。第三阶段，允许部分东欧国家向电力行业免费发放配额。新西兰林业、渔业、工业和农业可以免费获得配额，其他则以每吨25新元的价格出售配额。美国RGGI市场的配额几乎都是有偿分配的，各州拍卖比例从57%至99%，平均比例拍卖为90%。

5. 抵消机制

抵消机制是全球碳市场常用的灵活机制，即允许减排信用抵消部分配额，各市场均对减排信用的类型、来源和允许抵消的比例作出明确规定。

欧盟市场第一阶段仅允许京都机制下CER，第二阶段增加了ERU，禁止核电、水电及林地项目，第三期只认可最不发达国家的CER和ERU。在抵消比例方面，第一、二阶段由各成员国自行决定，平均来看使用上限为排放量的13.4%，第三阶段不能超过减排量的50%。

新西兰碳市场允许使用国际抵消信用CER、ERT和ERU，并且没有设定数量限制。

美国碳市场RGGI仅允许使用美国国内项目产生的减排信用，并且第一阶段规定了五种项目来源：废弃物CH_4项目、输配电装置SF_6项目、植树造林项目、建筑能效项目以及农业CH_4项目，第二阶段又增加了森林项目。使用比例上不能超过减排总量的3.3%，价格过高时比例可提升至5%或10%。

思考题

1. 结合本书内容并查阅相关资料，详细了解中国各个试点碳市场的运行情况。
2. 请查阅相关资料，谈谈中国碳市场与国外碳市场还存在哪些差异。
3. 查阅资料，比较我国各个试点碳市场的抵消机制。

第六章 碳市场的需求、供给与均衡

碳配额或碳减排信用产品的价格是碳市场机制能否发挥作用的重要基础，在市场当中，价格是由需求、供给共同作用形成。本章将基于传统微观经济学中市场分析的框架，重点讨论碳市场的需求、供给、均衡的形成与变动等问题。因为碳市场中的交易标的与一般商品不同，因此，碳市场的分析具有自身的特殊性。

第一节 碳市场需求分析

一、碳市场需求的概念

通常意义上讲，碳市场上的交易产品或者说交易标的是指碳配额或者碳减排信用额，我们把它统称为或简称为碳产品。因此，在碳市场中，需求是指在一定时期内，在其他条件不变的条件下，需求方在任意给定的价格下愿意并且能够购买的碳产品的数量。

对于碳产品的需求，主要来源于两个方面，即履约需求和投资需求。

1. 履约需求

除部分自愿履约的市场外，大多数碳市场都是具有强制性的，强制性体现在凡是纳入交易体系的企业，必须按时足额完成履约任务，否则将受到罚款、补缴配额差额以及信用记录等惩罚。因此，对于碳市场覆盖的企业而言，如果碳排放量超过配额，企业就必须在碳市场中购买碳配额或者碳减排信用额以完成履约任务。从这个法律强制约束性角度来说，企业对于碳产品的需求是一种刚性需求。

2. 投资需求

与履约需求相比，投资需求不带有强制性和任务性，其动机完全是出于投资获利，是一种纯粹的金融投资行为。个人或企业投资者，根据一定的投资理论、方法和经验，对碳市场的价格走势进行一定的判断和预测，进而作出投资行为。此类为了通过碳产品买卖差价获取收益而形成的对碳产品的需求，人们称之为投资需求。

二、影响需求的因素

在其他条件不变的情况下，碳产品的需求与价格之间呈反向变化关系，但由于碳产品与一般的商品不同，履约需求和投资需求的需求动机也不同，因此，对于影响碳产品需求的因素分析具有一定的复杂性和特殊性。

1. 影响履约需求的因素

因为履约需求完全是产生于履约机制的强制性，因此，履约需求与碳市场的初始碳分配方式、分配数量、惩罚力度等政策规定有密切关系，同时也受到了企业自身实际排放量和企业边际减排成本的影响。

（1）碳配额初始分配的方式。如果采取免费发放配额的方式，企业的实际排放量超过配额时，才会产生对碳配额的需求。相反，在拍卖分配的情况下，企业的履约需求完全取决于企业实际碳排放量，则需求相对较大。

（2）初始配额发放数量。如果市场采取免费发放配额的方式，并且初次分配的数量比较大，甚至超过了企业实际碳排放量，则企业对碳配额的需求很少甚至为零。

（3）企业实际碳排放量。在其他条件不变的情况下，企业实际碳排放量越多，对市场上的碳配额需求就越大。为了完成强制性的履约任务，就必须在碳市场上购买配额或减排信用额。

（4）企业边际减排成本。为了完成履约任务，企业可以通过自身的技术改造或设备升级实现减排目标，也可以选择从碳市场上购买碳配额或减排信用额。两种方法的选择依据是企业的边际减排成本与碳价格之间的比较。如果企业边际减排成本低于碳价格，则企业会选择通过自身努力完成减排目标。相反，企业会在碳市场上购买碳产品，以完成履约任务。

（5）处罚力度。如果碳市场对未能履约企业的处罚力度很大，则会增强企业完成履约的动力，企业就会增加对碳产品的需求，相反，企业会选择拒绝履约，碳产品需求量减少。

2. 影响投资需求的因素

投资需求的动机是投资获益，因此，它与传统的投资行为影响因素有极大的相似性，但也存在一些特殊性。

（1）预期碳价格的趋势。与一般的金融市场一样，投资者会依据理论分析和经验分析，判断未来碳价格的变化趋势。如果预期未来碳价格上涨，则会增加当前对碳产品的需求。相反，会减少对碳产品的需求。

（2）碳市场政策。初始配额的分配方式、分配数量、惩罚力度等是碳市场的核心政策机制，这些政策影响到了碳市场价格走势以及投资者对碳产品的投资信心。如果碳市场政策导致未来碳产品稀缺性更强，碳价格走高，则投资者会增加投资需求以便实现更大的投资收益。

（3）碳市场覆盖的范围和活跃度。碳市场所覆盖的地域范围和纳入的行业范围越大，市场交易行为越活跃，则碳市场的影响力和有效性越强，这也会增加投资者的投资信心进而增加投资需求。

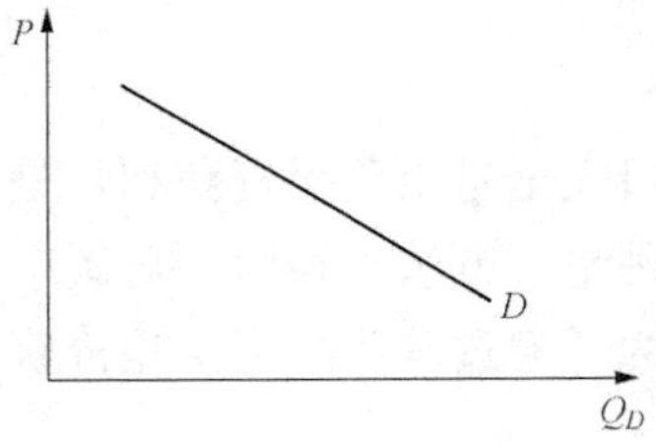

图 6-1 碳配额需求曲线

三、需求曲线

与一般商品相似，碳产品需求也符合需求规律，即在其他条件不变的情况下，价格越高碳需求越少，价格越低碳需求越多，即价格与需求量呈反向变动关系。因此，需求曲线可近似看作一条向右下方倾斜的直线，见图 6-1，P 表示碳配额价格，Q_D表示碳配额需求量。

第二节 碳市场供给分析

一、碳市场供给的概念

在碳市场中，碳配额的供给是指在一定时期内，在其他条件不变的情况下，政府企业或个人在任意价格下愿意并且能够出售的碳配额数量。碳市场的碳配额供给可分为一级市场供给和二级市场供给。

1. 一级市场供给

一级市场也称为发行市场或初级市场，政府在一级市场上进行初始碳配额的分配。一级市场上配额供给的数量由政府决定，是政府通过法律约束和政策设计创作出来的，政府是该一级市场的供给者，且商品的边际生产成本几乎为零。政府的决策则与政府减排控排的力度密切相关。如果政府计划在较短时间内实现碳达峰，碳中和目标减排力度大，则政府发放的初始配额数量较少。在碳配额需求给定的情况下，较少的碳配额供给必然导致配额资源稀缺性增强，碳价格上升，企业的履约成本提高，履约压力增大。相反，在碳交易制度试行阶段或成立之初，政府为了制度推行更容易，政治经济波动性小，往往会适当放宽减排控排力度，增加初始配额供给量，但是这种选择将降低碳交易市场的减排效果，企业由于完成履约很容易，减排压力小，企业也就没有动机在减排技术和减排项目上增加投资。由此可见，一级市场上碳配额的供给量是碳市场非常重要的决策。

2. 二级市场供给

二级市场也称为流通市场或次级市场，在二级市场上出于不同动机的需求者和各类型的供给者之间进行碳配额或碳信用减排量的交易活动。二级市场上的供给主要来源于三个方面：一是来自控排企业的碳配额供给，二是来自投资者的碳配额供给，三是来自抵消机制的核证减排量。

（1）来自控排企业的碳配额供给。如果企业预期到未来碳市场配额发放趋紧，企业会加大对温室气体减排的技术投入和资金投入，经过企业的减排努力，企业实际温室气体排放量大幅下降甚至小于政府免费发放的配额数量。因此，企业将会把剩余的碳配额在二级市场上售出以换取收益，形成二级市场上碳配额供给的一个主体。

（2）来自投资者的碳配额供给。碳市场上的投资者包括控排企业、金融机构、个人等。这些投资者出于投资获利的动机，擅长于通过各种分析理论、工具和经验，发现价格走势规律，依靠低买高卖获取投资收益。因此，当投资者预期未来价格上涨时，则会售出手中的碳配额，形成二级市场上碳配额供给的第二个主体。

（3）来自抵消机制的核证减排量。大多数碳交易市场都允许经核准的自愿减排量参与市场交易，企业可以购买核证减排量用于履约，增强了企业履约方式的灵活性，从总体上降低了履约成本。但是一般的碳交易市场都会对自愿减排量使用的比例以及来源的区域、来源的项目类型有比较严格的规定。这也会在一定程度上保证碳供给的稀缺性，进而确保碳交易机制的有效性。

二、影响供给的因素

1. 政府减排的决心和力度

如果政府减排的决心很大，减排力度强，力争在短时间内实现碳达峰碳中和，则体现政策决策上是减少一级供给市场上碳配额的供给数量。相反，则一级市场供给数量增加。

2. 抵消机制的发展与变革

随着抵消机制理论研究和实践的不断深入，项目减排量的大小、允许企业使用核证减排量的比例、区域和项目类型的限制条件等规则不断发生变化，影响到核证减排量的规模以及对碳配额的替代效应，进而从总体上影响二级市场上碳产品供给的总量。

3. 碳配额价格

通常情况下，碳产品价格越高，例如远大于企业减排的边际成本，企业就越有动机加大减排项目的投资力度，实际排放量会越来越少，对二级市场上碳配额的供给量就越多。相反，碳产品价格越低，例如远小于企业减排的边际成本，企业则更愿意选择购买碳配额，放弃自身减排努力，没有剩余的碳配额，碳供给就会减少。

4. 碳配额的预期价格

投资者会根据碳配额的预期价格选择买进或卖出碳配额的行为，如果预期未来价格上涨，投资者会继续持有配额，减少当期的碳配额供给数量；相反，如果预期未来价格下降，投资者会及时抛出，增加当期碳配额的供给数量。

5. 碳配额的储存与预借机制

碳配额储存机制就是将当期剩余的碳配额在一定时期内储存起来，可以在下一个履约期使用。碳配额预借机制则是在当期配额数量不足时，借用下一期的配额用于当期的履约。这种储存和预借机制，使得企业的履约方式更加灵活，也对当期和未来一期的碳配额供给数量产生了影响。例如，存储机制减少了当期的碳配额供给，但是却增加了下一期的碳配额供给。

三、供给曲线

1. 一级市场供给曲线

一级碳市场中碳配额供给数量是与政府碳减排力度、目标密切相关的，本质上是一种政府决策行为，其供给量不会随着碳价格上升下降而波动，是不受价格影响的外生变量，在短期内（或者说一个履约期内）是固定不变的常数，因此，一级市场的碳供给曲线是一条垂直于横轴的直线，见图 6-2。当政府减排力度发生变化时，该垂直的供给曲线就会左右移动。例如，减排力度增大，初始配额供给量减小，供给曲线会向左平移。反之，供给曲线向右平移。

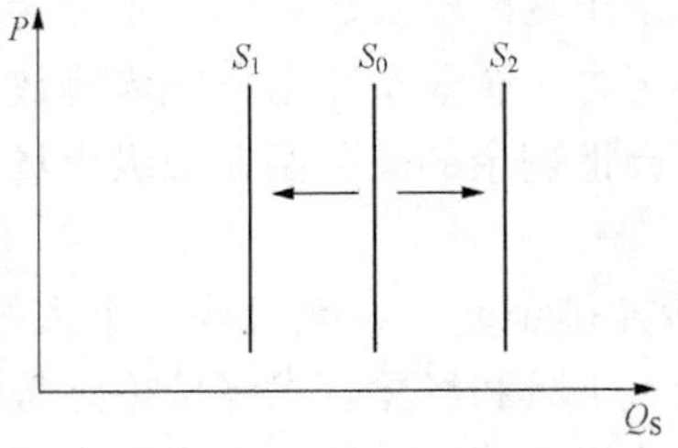

图 6-2 一级市场碳配额供给曲线

2. 二级市场供给曲线

在二级碳市场上，与一般商品相似，碳产品供给也符合供给规律，即价格越高碳供给越多，价格越低碳供给越少，即价格与供给量呈正向变动关系。因此，供给曲线可近似看作一条向右上方倾斜的直线，见图 6-3，P 表示碳配额价格，Q_S 表示碳配额供给量。

一般的商品，只要价格上升，在资源允许的条件下，企业可以无限提供商品。但是二级碳交易市场具有一个特殊性，即该市场上碳配额的供给是有一定上限的，因为受到一级碳市场初始配额总量的限制，所以二级市场上任意一个企业的配额供给量应该小于或等于初始配额分配量。即使企业碳排放为零，企业提供的配额供给也只能等于初始分配量。因此，在二级市场上，当配额供给量达到一定上限的时候，价格刺激再也无法增加配额供给量，供给曲线出现了变化，即变为一条垂直于横轴的直线，见图 6-4。

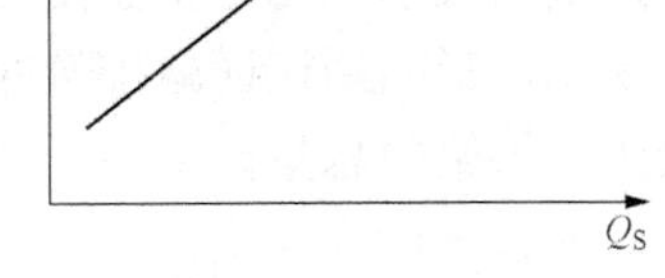

图 6-3 二级市场碳配额供给曲线

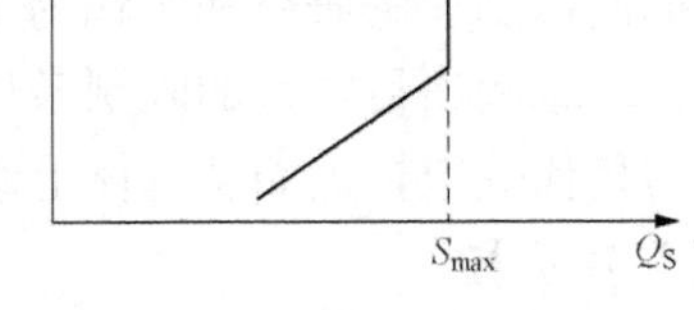

图 6-4 折弯型的二级市场碳配额供给曲线

第三节　碳市场均衡及其变动

与一般商品市场一样，当需求与供给相等的时候，表明市场上需求与供给力量相当，市场达到均衡状态，或叫市场出清状态，此时的价格为均衡价格，此时的数量为均衡数量。当市场能充分发挥作用时，即使短期内可能出现产品过剩、产品紧缺、价格波动等偏离均衡状态的情况，但是，长期内，市场能够自动恢复到均衡状态。因为碳配额产品工具具有一定的特殊性，因此我们将分别讨论一级市场和二级市场的均衡问题。

一、一级市场均衡及均衡变动

1. 一级市场均衡

一级市场供给是政府确定的，是与价格无关的外生变量，因此其供给曲线是垂直于横轴的直线，当需求和供给相等时，形成一级市场均衡，见图 6 - 5。供给曲线 S 和需求曲线 D 相交于点 E_0，此时为一级市场均衡，均衡价格为 P_0，均衡数量为 Q_0。

2. 需求变动对一级市场均衡的影响

如果一级市场中初始配额分配方法是免费分配，那一级市场就不是真正意义上的市场，也就不存在交易价格。但是，在有偿分配的情况下，例如按固定价格出售或通过拍卖的方式出售配额，就会形成一级市场上的配额需求，进而形成一级市场均衡价格和均衡数量。如果初始配额供给数量不变，需求增加，则均衡价格就会升高。图 6 - 6 中，当企业产量增加导致碳排放量增加，企业需要购买更多的碳配额以完成履约，则需求增加，D_0 向右平移到 D_1，市场上均衡价格上升。

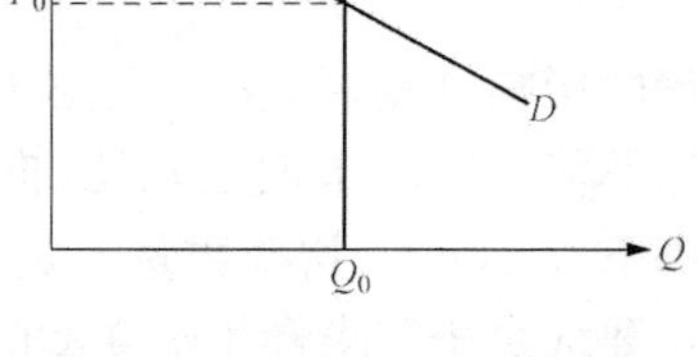

图 6 - 5　一级市场均衡

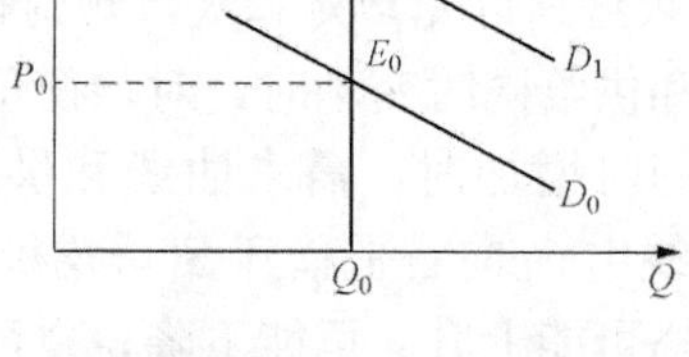

图 6 - 6　需求变动对一级市场均衡的影响

3. 初始配额供给变动对一级市场均衡的影响

在市场需求不变的情况下，如果政府初始配额总量发生变化，会对一级市场均衡产生重要影响。如果政府选择放松减排目标，增加配额初始供给总量，就会导致均衡价格下降。相反，如果政府加紧了减排目标，则会导致均衡价格上升。图 6 - 7 中，S_0 向右平移至 S_1，表示一级市场上初始配额供给增加，则均衡价格下降，均衡数量增加。

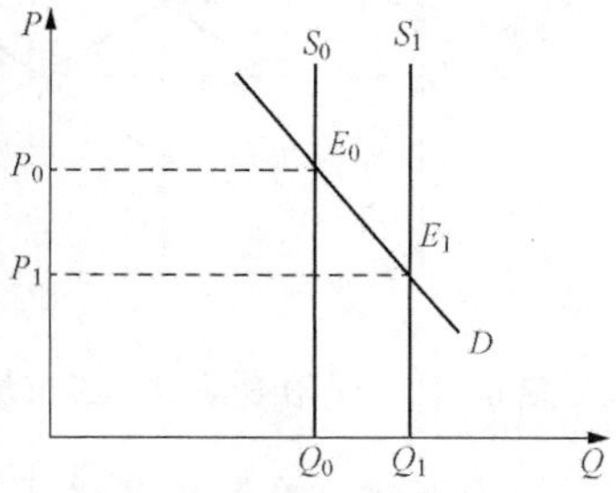

图 6 - 7　初始配额供给变动对一级市场均衡的影响

二、二级市场均衡及均衡变动

1. 二级市场均衡

二级市场上均衡的形成则与一般的商品均衡类似，其均衡价格是供给和需求共同作用的结果，需求等于供给时的价格为均衡价格，在均衡价格下的数量即为均衡数量。短期内碳配额价格有波动，但是长期看碳配额价格会稳定在均衡价格上。图 6-8 中，D 和 S 分别表示二级市场上的碳配额需求曲线和碳配额供给曲线，E_0 为均衡点，P_0 和 Q_0 分别表示均衡价格和均衡数量。

2. 需求变动对二级市场均衡的影响

如果企业通过减排技术研发使得减排成本大幅度下降，则企业更倾向于自主减排，进而减少碳市场上碳配额的购买需求，需求曲线向左平移。反之，如果天然气价格上升，煤炭价格下降，电厂会选择燃煤发电，碳排放量增加，则碳配额需求增加，需求曲线向右平移。图 6-9 中，当供给不变、需求增加时，需求曲线从 D_0 向右平移到 D_1，均衡点由 E_0 转移到 E_1，均衡价格由 P_0 上升到 P_1 上升，均衡数量由 Q_0 增加到 Q_1。

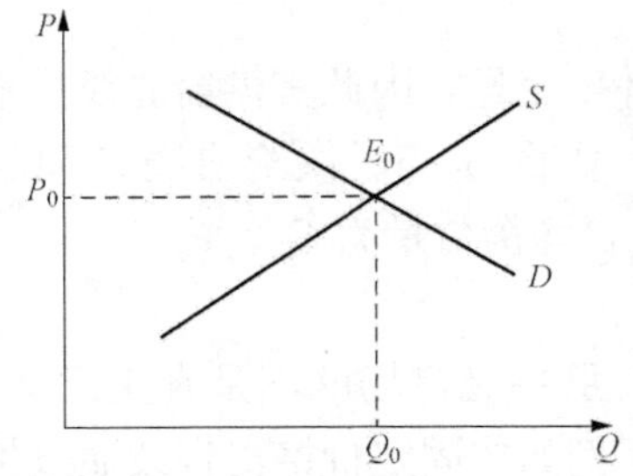

图 6-8 二级市场均衡

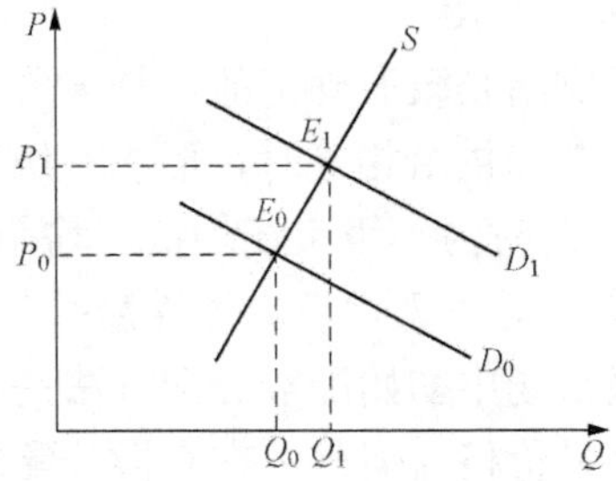

图 6-9 需求变动对二级市场均衡的影响

3. 供给变动对二级市场均衡的影响

当投资者预期碳配额的价格在下一期会下降时，就会增加对碳配额的现期供给数量，导致碳配额的供给增加。相反，则碳配额供给减少。图 6-10 中，碳配额供给增加时，供给曲线向右平移，由 S_0 向右平移到 S_1，均衡点由 E_0 转移到 E_1，均衡价格由 P_0 下降到 P_1，均衡数量由 Q_0 增加到 Q_1。

4. 需求供给同时变动对二级市场均衡的影响

当需求和供给同时变动时，对均衡价格和均衡数量的影响则相对复杂。图 6-11 中，当需求和供给同时增加时，需求曲线和供给曲线均向右平移，即需求曲线从 D_0 向右平移到 D_1，供给曲线由 S_0 向右平移到 S_1，均衡点由 E_0 转移到 E_1。此时，均衡数量一定是增加的，但是均衡价格可能上升、可能下降，也可能不变，这主要取决于需求和供给变动的幅度。

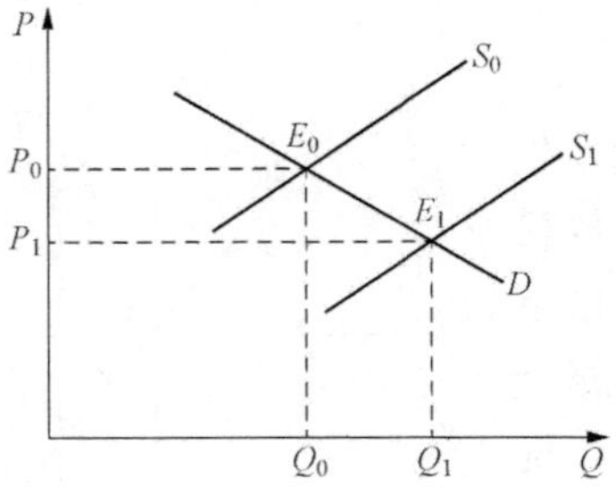

图 6-10 供给变动对二级市场均衡的影响

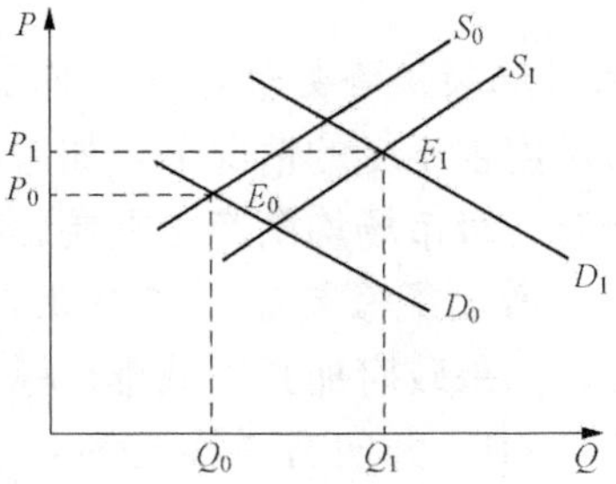

图 6-11 需求与供给同时变动对均衡的影响

综上所述，在其他条件不变的情况下，碳配额需求变动分别引起均衡价格与均衡数量的同方向变动；供给变动引起均衡价格反方向变动，均衡数量的同方向变动。根据需求和供给变动条件，具体可划分为 8 种情况，见表 6-1。

表 6-1　**需求与供给变动对均衡价格和均衡数量的影响**

序号	需求	供给	均衡价格	均衡数量
1	增加	不变	上升	上升
2	减少	不变	下降	下降
3	不变	增加	下降	上升
4	不变	减少	上升	下降
5	增加	增加	不一定	上升
6	减少	减少	不一定	下降
7	增加	减少	上升	不一定
8	减少	增加	下降	不一定

此外，也有一些特殊情况需要说明。由于初始配额总量是国家政策规定的外生变量，因此，当需求曲线移动到供给曲线的垂直部分时，均衡数量不会再增加，需求的增加仅仅会引起均衡价格的上升，见图 6-12。

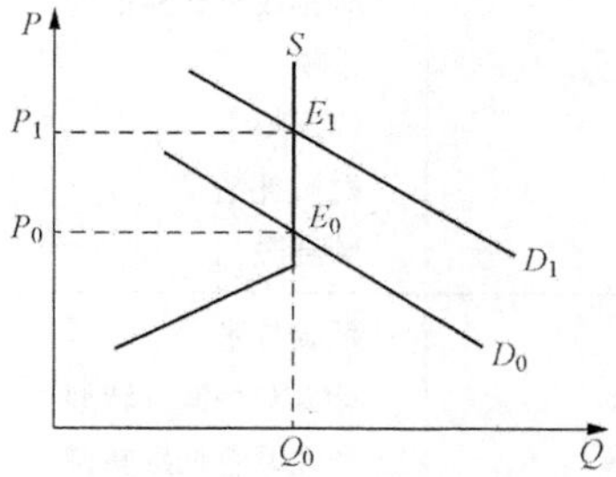

图 6-12　二级市场均衡的特殊情况

思 考 题

1. 碳市场中的配额需求和供给与一般产品需求供给有什么区别？
2. 影响碳配额需求和供给的因素有哪些？
3. 结合图形分析一级市场和二级市场的均衡变化。

第七章　中国碳达峰碳中和的实现路径

第一节　碳达峰碳中和实现路径的总体框架

近几十年来，全球大多数国家都在积极响应气候治理问题，为实现碳达峰、碳中和的目标采取了各种行动，并取得了一定的成效。以实现碳达峰、碳中和的手段为依据，可将各种实现路径划分为三类：第一类，以经济手段为基础的实现路径；第二类，以技术手段为基础的实现路径；第三类，以碳汇及改变人们生活方式为基础的实现路径，具体见表 7 - 1。

表 7 - 1　　碳达峰碳中和的实现路径

类别	具体方式
以经济手段为基础的实现路径	碳排放权交易市场 碳税 CCER 财政补贴 碳金融
以技术手段为基础的实现路径	低碳技术 能源绿色低碳转型 产业绿色低碳转型 绿色建筑 绿色交通
以碳汇及改变生活方式为基础的实现路径	碳汇
	公众绿色低碳意识及生活方式的改变

一、以经济手段为基础的实现路径

几十年来，全球各国政府和学者都在积极探讨如何通过经济手段实现碳中和，取得了瞩目的创新性成果，其中，碳排放权交易市场、碳金融及金融衍生品、碳税、财政补贴、温室气体自愿减排机制等是目前各国普遍采取的经济措施。此处仅介绍碳税和财政补贴两种方式，另外几种方式在书中其他章节论述。

1. 碳税

本质上，碳税与碳排放权交易市场都属于碳定价体系，即通过碳价格信号引导各经济主体减少二氧化碳等温室气体排放，进而实现生态环境保护和气候治理的目的，同时政府也可以获得一定的财政收入，用于其他减排项目投资。因此，各国政府普遍认同碳税以及碳排放权交易体系等经济手段的应用。但是，相比较而言，碳税和碳排放权交易都有各自的优点和缺点，见表 7 - 2。

表 7-2　碳税与碳排放权交易市场的比较

特征	碳税	碳排放权交易市场
优点	（1）有规范的税收体制和完善的法律依据，管理和协调成本较低。 （2）防止政府寻租和腐败行为。 （3）覆盖大中小型碳排放主体，覆盖面广	（1）市场定价方式更加灵活，有助于提高资源配置效率。 （2）对低收入群体的负面影响较小。 （3）减排总量目标明确
缺点	（1）征收碳税需要一套标准化法律程序，可能遇到较大阻力。 （2）可能增加低收入群体的税负，拉大不同地区、不同群体间收入差距。 （3）短期内会增加企业成本，并转嫁到需求端。 （4）无法对减排效果进行精确预期和规划，减排总量有不确定性	（1）配额分配过程容易导致寻租和腐败。 （2）信息不对称可能影响企业减排预期和动力

碳税与一般税收一样是调节经济社会发展的工具之一，世界上部分国家认为，征收碳税是控制碳排放的有效途径。例如，芬兰和丹麦早在 20 世纪 90 年代便开始征收碳税，目前已经建立起比较完善的税收体制；英国、法国等在 21 世纪初相继开征碳税。截至 2020 年 5 月，丹麦、芬兰、瑞典、挪威、南非、新加坡、阿根廷等国家实施了碳税，并且与之前相比，南非、瑞典和荷兰提高了碳税。

碳税收入主要用于节能环保、税收循环、支持低收入群体等。例如，丹麦税收的 40% 用于环境补贴，60% 返还给工业，有助于增强环保工作，助力节能减排技术的研发。荷兰将碳税收入通过减少所得税和增加投资的方式返还至经济中，减轻了纳税人整体的税收负担，控制企业的总成本进而减少其进行税负转嫁。

2. 财政补贴

为有效推进碳达峰碳中和工作，国家和省级层面围绕碳减排的奖励、补贴政策也陆续出台。《中共中央国务院关于完整准确全面贯彻新发展理念做好碳达峰碳中和工作的意见》中强调："各级财政要加大对绿色低碳产业发展、技术研发等的支持力度。完善政府绿色采购标准，加大绿色低碳产品采购力度。落实环境保护、节能节水、新能源和清洁能源车船税收优惠。研究碳减排相关税收政策。建立健全促进可再生能源规模化发展的价格机制。"各地区纷纷出台了碳中和财政补贴政策，见表 7-3。

表 7-3　各地区碳中和财政补贴政策

省份	发布时间	主要财政补贴政策
河北	2023.3	重点实施 10 方面措施，支持能源结构、工业领域、交通体系、城乡建设等方面绿色低碳发展，推动河北碳达峰碳中和目标顺利实现
安徽	2022.3	对主动进行关闭的高耗能高排放企业，给予腾出能耗奖励，按照 2022 年每吨标准煤 900 元标准给予补助，2023 年、2024 年补助标准根据政策实施情况予以调整（不超过 900 元），补助总额不超过 800 万元

续表

省份	发布时间	主要财政补贴政策
云南	2022.7	力争发行不低于200亿元地方政府专项债券，用于标准化现代产业园区建设。对列入园区循环化改造清单的项目，优先争取中央预算内资金支持。选取5个园区开展清洁生产改造先进技术应用示范，每个示范点给予200万元奖励。对成功创建为国家绿色低碳示范园区、循环化改造示范园区、绿色低碳工业园区、生态工业示范园区的，给予一次性500万元奖励
福建	2022.4	对国家级绿色工厂、绿色供应链管理企业，省节能和循环经济专项资金给予每家企业不超过30万元一次性奖励
上海	2022.9	鼓励通过绿色升级、循环化改造、公共设施共建共享、能源梯级利用、资源循环利用和污染物集中安全处置等方式，打造低碳产业示范园区。经认定，可给予园区与绿色低碳相关项目，不超过实际投资额20%的扶持，单个园区扶持金额不超过100万元
江苏	2022.3	对单位地区生产总值二氧化碳排放下降率达到年度目标任务且有进一步改善的市、县（市）进行奖励。下降率每比目标任务改善0.1个百分点的，按收取该市、县（市）统筹资金总额的1%进行奖励，奖励上限为10%
北京	2022.7	对2021年1月1日至申报截止日期间竣工的，建设期不超过3年，固定资产投资不低于200万元的，在污染治理、污水资源化利用、高效节能设备利用、低碳发展、工业互联网+绿色制造等领域开展专项提升，或在清洁生产、节能节水、碳减排等方向实现绩效提升的项目，按不超过纳入奖励范围总投资的25%给予奖励；实施主体达到国家级绿色工厂、国家级绿色供应链管理企业（含下属企业）标准、空气重污染应急减排绩效评价B级以上（含绩效引领），或项目实施后单位产品能耗或水耗达到国家、行业或地方标准先进值的，按不超过纳入奖励范围总投资的30%给予奖励，单个企业年度奖励金额最高不超过3000万元

二、以技术手段为基础的实现路径

以各领域技术创新为支撑，减少二氧化碳排放或者捕捉、利用和储存二氧化碳，是实现碳中和的另一个重要路径。主要包括：以CCUS为核心的低碳技术创新与应用、能源领域技术创新与新型能源体系建设、产业绿色低碳转型、绿色建筑和绿色交通。通过全行业绿色低碳技术的变革式创新，实现国家经济体系转型和高质量发展，与国家提出的碳中和目标是内在统一的过程。

三、以碳汇及改变生活方式为基础的实现路径

除了经济手段和技术手段外，还可以通过大力发展碳汇、提高人们的绿色低碳意识、改变大众生活方式等方式实现碳中和。

1. 碳汇

碳源和碳汇是两个相对的概念。碳源（Carbon Source）是指向大气中释放碳的过程、活动或机制，即二氧化碳产生之源。二氧化碳既可以来自于自然界（例如动植物呼吸、森林大火、火山喷发等），也可以来自人类的生产和生活过程（例如工业生产活动、化石能源燃烧、交通运输、生活过程），因此也就有了自然碳源和人为碳源的区分。碳汇（Carbon Sink）是指从大气中吸收碳的过程、活动或机制，同样也分为自然碳汇和人为碳

汇，见图 7-1。人为碳汇主要指各种固碳技术，尤其是 CCUS 碳捕捉、碳利用、碳封存技术，在本章后面部分有专门讨论。自然碳汇则主要包括森林碳汇、土壤碳汇、草地碳汇、耕地碳汇、海洋碳汇等。在 2003 年 12 月《联合国气候变化框架公约》第九次缔约方大会上，国际社会一致认同将造林、再造林等林业活动纳入碳汇项目，并制定了新的运作规则，为正式开展造林、再造林碳汇项目奠定了基础。

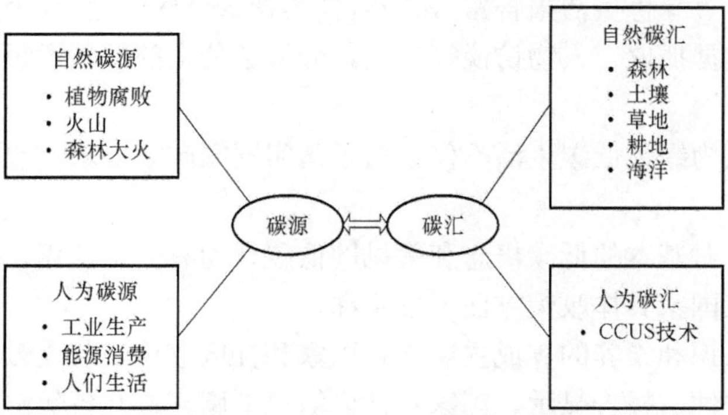

图 7-1　碳源碳汇结构图

(1) 森林碳汇。森林碳汇是指森林植物通过光合作用吸收大气中的二氧化碳并将其固定在植被或土壤中，从而减少二氧化碳在大气中浓度的过程。此外，也有学者将森林碳汇定义为“利用森林的储碳功能，通过植树造林、加强森林经营管理、减少毁林、保护和恢复森林植被等活动，吸收和固定大气中的二氧化碳，并按照相关规则与碳汇交易相结合的过程、活动或机制”。

森林面积虽然只占陆地面积的三分之一，但是森林植被的碳储存量却几乎是陆地碳库总量的 50%，是陆地生态系统中规模最大的碳库，对降低大气温室气体浓度、应对气候变化问题具有关键作用。森林是二氧化碳的吸收器、贮存库和缓冲器。反之，森林一旦遭到破坏，则变成了二氧化碳的排放源。例如，2023 年智利森林大火、加拿大森林大火等，不仅排放大量二氧化碳，而且大大减弱了地区森林碳汇的能力。

1997 年通过的《京都议定书》高度重视森林碳汇对减缓气候变暖的作用，要求加强森林可持续经营和植被恢复及保护，允许发达国家通过向发展中国家提供资金和技术，开展造林、再造林碳汇项目，将项目产生的碳汇额度用于抵消其国内的减排指标。

(2) 草地碳汇。草地碳汇能力很强，主要将吸收的二氧化碳固定在地下的土壤当中，多年生草本植物的固碳能力更强，随着我国退耕还林、还草工程的实施，尤其是退化草地的固碳增量更加明显，因此可充分发挥草地的固碳作用。

(3) 耕地碳汇。耕地碳汇通过采用保护性耕作措施、扩大水田种植面积、增加秸秆还田、增加有机肥施用、采用轮作制度和土地利用方式等，让农田土壤由碳源转化为碳汇。

(4) 土壤碳汇。土壤碳汇是指土壤中能够吸收和储存大量二氧化碳的能力。土壤中的有机质是土壤碳汇的主要组成部分，它们可以通过植物的光合作用和根系分泌物等途径进入土壤中。

(5) 海洋碳汇。海洋碳汇是将海洋作为载体吸收大气中的二氧化碳，并将其固化的过程和机制。地球上超过一半的生物碳和绿色碳是由海洋生物（浮游生物、细菌、海草、盐沼植物和红树林）捕获的，单位海域中生物固碳量是森林的10倍，是草原的290倍。

2. 公众绿色低碳意识及生活方式的改变

随着全球气候变暖趋势愈演愈烈，暴雨、冰雹、龙卷风等极端天气频发，对全球粮食供给、能源供给和传染病流行等带来巨大影响。在此背景下，全人类应积极行动起来，不断提高自身的绿色低碳环保意识，并贯穿到绿色低碳的生活方式中。2023年7月17日，《新京报》贝壳财经发布了《绿色生活报告》，该报告样本覆盖全国内地29个省区市，通过发放调查问卷、社交媒体数据抓取、人物访谈等方式，分析了公众的低碳意识、低碳行为和低碳意愿。报告研究发现：

(1) 多数居民认为绿色低碳生活不仅是为了落实国家政策要求，也是在做一种相对经济且有责任感的事情。

(2) 多数受访者对基本的低碳概念和常见的低碳行为有一定认识，但对更深层次的低碳概念、低碳行为以及国家具体政策方面了解不深。

(3) 居民低碳认识和素养的养成主要来自国家和社区宣传，与受教育程度和家庭收入没有表现出明显的相关性。报告显示，国家及社区绿色低碳宣传是各年龄段公众了解低碳生活的最主要途径，总占比为74.88%；其次是自媒体等宣传渠道，占比为61.25%。

(4) 居民碳足迹与家庭收入之间具有较强的正相关关系，减少浪费和能源消耗是多数居民践行低碳生活的主要选择。

(5) 多数受访者表示愿意在日常生活中采取进一步低碳行为，包括购买低碳产品、进行能源管理、推动资源回收等措施，但不愿接受过高的溢价，也不想影响现有生活质量。报告显示，86.75%的受访者愿意在日常生活中尽可能购买有机棉、竹纤维等低碳衣服，56.88%的受访者愿意尽可能购买本地食品并承受一定价格波动，以减少食材在运输途中产生的碳排放；59.75%的受访者愿意尽可能选择公共交通出行，43.13%的受访者会选择在1000km以内乘坐高铁出行，以减少个人出行领域碳足迹。

(6) 公众对更便捷、更简单、更普惠和可触及的绿色低碳生活充满期待，并希望政府、企业以及社区可以为绿色低碳生活普及创造更好有利条件。

第二节 产业绿色低碳转型发展

一、产业结构绿色升级

产业是一个中观层面的概念，是指从事同类物质生产或提供相同服务的经济群体。产业结构是指国民经济中各产业之间的技术经济联系和数量比例关系。目前，国际上通用的分类方法是三次产业分类法。第一产业包括农、林、牧、渔业（不包含农、林、牧、渔服务业）；第二产业包括工业、建筑业，工业包括采掘业（不包含开采辅助活动），制造业（不包含金属制品、金属和设备修理业），电力、热力、燃气及水的生产和供应业；第三产业包括所有其他部门，如通信、商业、金融、保险等。

产业结构升级是一个复杂且不断变化的概念，一般包括产业结构高度化和产业结构协调化两个方面。产业结构高度化指原有生产要素与资源等跨行业或部门的转移过程。产业结构协调化指工业行业间的相互匹配的质量，反映了行业之间的协调程度，一定程度上也说明了生产要素与资源的有效利用程度。在碳达峰、碳中和的背景下，产业结构升级也被赋予了新的内涵。当前，产业结构升级则更加突出清洁化、绿色化、低碳化转型的内涵。

对我国绿色低碳发展而言，工业是能源消耗和碳排放的大户，如果工业实现了低碳发展，对整体经济转向绿色发展的贡献将是最大的。因此，本书只介绍工业的绿色低碳转型。

二、发达国家工业绿色低碳转型的经验

工业绿色转型的缘起可以追溯到第二次世界大战后兴起的环保运动。原子弹爆炸产生的巨大破坏性引发人们对征服自然行为的质疑。科技和社会发展对自然的影响以及对人类自身影响的道德思考也开始萌发，环境保护主义新道德意识开始形成，主张运用生态学理论来限制运用针对自然界的以科技为基础的人类行为。1962 年，美国生物学家蕾切尔·卡森夫人出版了《寂静的春天》一书，该书列举了大量污染事实，引发了世界范围内的反思。1972 年，罗马俱乐部发布《增长的极限》，对人类与资源环境之间的关系作出了比较悲观的预测，虽然一些预言并没有发生，但其内容却在全球范围内引起了对工业文明的反思。人们认识到高耗能、高污染的传统工业化道路不可持续，开始采取一系列行动治理污染。同时，通过多种举措探索绿色生产方式，培养绿色消费习惯，促进经济结构绿色化转型升级。

1. 欧盟工业绿色转型和发展经验

欧盟重视通过立法和出台框架性政策引导经济绿色转型。自 20 世纪 70 年代开始，欧盟大力推动工业绿色转型，倡导经济绿色发展。特别是进入 21 世纪以来，欧盟实施了一系列政策与计划，大力发展绿色工业和低碳经济，取得了突出成就。2001 年欧盟发布“环境 2010：我们的未来、我们的选择”行动计划，成为欧盟应对气候变化的行动基石。2008 年发布《2020 气候和能源一揽子计划》，该计划从排放指标、研发经费投入、节能标准以及低碳项目等多个方面，制定政策、措施以及目标，促进各成员国节能降耗减排。2010 年，欧盟发布《能源 2020：具有竞争力的、可持续的和安全的能源战略》，提出在可持续增长的框架下，发展低碳经济和资源效率的欧洲路线图。2011 年，欧盟发布了《欧盟 2050 低碳经济战略》，要求欧盟成员国在 2050 年之前，将温室气体排放减少 80％～95％（以 1990 年为基准年），实现向绿色低碳经济转型。2017 年，欧盟宣布了新的《地球行星行动计划》（Action Plan，for the Planet），提出了面向现代清洁经济转型升级的 10 项转型举措。2019 年 12 月，新一届欧盟委员会上任之初便发布了《欧洲绿色协议》，将推进应对气候变化和能源转型摆在首位，提出 2050 年碳中和目标，加快推行绿色新政步伐。2020 年，欧盟委员会又公布了《欧洲气候法》，将欧盟中长期减排目标“法律化”。

欧盟特别重视通过科技创新驱动经济绿色转型。1984 年，欧盟开始启动实施研发框架计划（Framework Programme for Research，FPR），该计划（以下简称框架计划）是由欧盟委员会发起、由欧盟成员国的科研机构和企业共同参与的重大科研计划，以解决国际前沿问题和攻关科技难题为目标，随着时代发展，支持方向不断向绿色科技研发倾斜。第二框架计划（1987—1991 年）大幅增加了对能源尤其是核能和太阳能领域的研究资助。第四框架计划（1994—1998 年）首次提出将以新能源和清洁交通作为重点任务。第七框架计划（2007—2013 年）对智能电网、电力存储技术、集约可再生能源、能源节约技术及智能城市等电力以及新能源领域的科技创新与技术推广给予了密切关注。从第一到第七框架计划，欧盟在节能环保与发展可再生能源领域投入的资金占全部预算的比重由约 7％升至约 15％。第八框架计划即“地平线 2020”（2014—2020 年）下，欧盟实施了可持续农业、安全清洁高效能源、智慧与绿色交通运输、气候行动、环境资源效率、可持续材料等多个专项计划，提供约 190 亿欧元的资金支持，占总预算的比重达到 23%。第九框架计划即“地平线欧洲”计划（2021—2027 年）专设 150 亿欧元支持气候、能源和交通领域的绿色技术创新。

2. 英国工业绿色低碳转型发展经验

英国通过了一系列政策措施引导绿色低碳经济发展，早在 2003 年英国就已提出“低碳经济”的概念。2008 年，英国颁布了《气候变化法案》，承诺到 2020 年将削减 26%～32% 的温室气体排放，其中将推动传统产业绿色转型升级作为重要实现途径。2009 年，发布《低碳转型计划》，同时配套出台了《低碳工业战略》《可再生能源战略》和《低碳交通计划》，形成了向低碳社会转型的制度框架。2010 年，出台《国家可再生能源行动计划》，制定了具体的发展路线和实施措施，以实现 2020 年 15%的可再生能源消费目标。2018 年 1 月，英国环境、食品和农村事务部公布《绿色未来：英国改善环境 25 年规划》，强调增加研发投入，提高资源效率，减少污染与废物排放。2019 年生效的《气候变化法案（2050 年目标修正案）》，提出 2050 年碳排放量在 1990 年的水平上降低 100%，由此英国成为世界上第一个以法律形式明确净零排放的国家。2020 年，出台《绿色工业革命战略》，提出海上风能、氢能、核能、电动汽车、公共交通等方面的 10 项计划，旨在 2050 年以前消除导致气候变化的相关因素。此外，还出台了《应对气候变化税收法》《气候变化和可持续能源法案》《循环经济一揽子计划》等法律政策。

通过产业结构调整实现绿色低碳化发展。20 世纪 60 年代英国开始进行产业结构调整，在保留必要的采矿、冶金、化工、建筑、轻纺、造纸、印刷等传统产业的同时，大力发展电子、汽车、制药、航空航天、清洁技术、环保与可再生能源、新材料、信息通信等产业。通过产业结构调整，英国推动了部分低附加值传统产业的有序退出，并确保了汽车、航空、生物制药等高附加行业的快速发展，既减少了工业发展对于生态环境的负面影响，也使其制造业长期处于全球领先地位。

3. 美国工业绿色转型与绿色发展实践

在经历资源破坏、环境污染一系列灾难及能源危机的重创后，美国开始采取一些举措，并逐步走上了节约型绿色发展的道路。

不断健全减排政策体系。自 20 世纪 70 年代起，美国多次出台能源与减排相关法案，逐渐形成比较完整的碳减排政策体系。奥巴马政府期间，美国颁布了“应对气候变化国家行动计划”，明确了减排优先领域。2009 年，美国政府先后公布了《美国复苏与再投资法案》《美国清洁能源安全法案》等，目的是降低温室气体排放、增加用于提高能源利用效率的资金以及发展清洁能源与相关设备制造业等。2014 年推出“清洁电力计划”，确立 2030 年之前将发电厂的二氧化碳排放量在 2005 年水平上削减至少 30%的目标。

推动产业结构优化及重点行业能耗降低。通过财政政策、税收政策和信贷政策支持，依靠市场机制促进新兴产业发展。美国钢铁工业、冶金工业、铝行业等重点行业的能耗呈持续下降趋势。能耗较低的第三产业得以快速发展，显著降低了能源消耗与碳排放。产业结构的调整优化，促使美国温室气体排放与经济发展呈现相对脱钩趋势。

推动低碳技术创新。长期以来，美国低碳技术发展迅速。1972 年，美国就开始研究整体煤气化联合循环（IGCC）技术，配合燃烧前碳捕集技术，目前美国已基本实现清洁煤发电。碳捕捉和封存技术（CCUS）是美国气候变化技术项目战略计划框架下的优先领域。实施《美国制造业创新网络计划》，首批建设的国家先进制造创新研发中心有多个项目与绿色制造密切相关，如3D打印、智能电网、轻量制造等。

4. 日本工业绿色转型与绿色发展实践

20世纪50年代，由于疏于环境保护和环境治理，日本多地发生水俣病、第二水俣病、四日市哮喘、痛痛病，即“四大公害病”；1990年又发生了废弃物非法丢弃的“丰岛事件”。受这些事件影响，日本不断重视环境污染治理和经济绿色发展，成为世界上绿色转型比较成功的国家。

日本建立了相对完备的绿色发展相关的法律和政策体系。日本政府于1970年公布《废弃物处理及清扫法》《水质污染法》等14项法律法规，1997年修订《废弃物处理法及清扫法》。1994年颁布《环境基本法》，确立了减少资源消耗、消解环境负担的基本方针。2000年日本又将建立循环型社会提升为基本国策。在此基础上，2001年颁布了《循环型社会形成推进基本法》，按照产品生产、重复使用、再利用、回收、垃圾处理的顺序对资源的再生利用提出更为明确的要求。2009年，日本公布了政策草案《绿色经济与社会变革》等，提出大力发展绿色经济，促进绿色技术进步，为日本经济增长提供新动力。目前，日本已经形成了以《环境基本法》与《循环型社会形成推进基本法》为核心，以《有害废弃物出入境管理法》《资源有效利用促进法》《容器包装回收法》《家电回收法》《建筑回收法》《食品再利用法》与《机动车再利用法》等具体法案为补充的较为完备的再生资源产业法律体系。

日本发挥既有技术优势，持续推动构建集绿色制造、绿色回收、绿色能源为一体的“三绿”产业体系。日本重视绿色技术研发，在绿色制造领域技术雄厚。1993年，日本推出《新阳光计划》，进行燃料电池等革新技术开发。日本在电动马达、蓄电池方面技术突出，在功率半导体及半导体原材料保持竞争优势，碳循环技术发展迅速。日本长期致力于发展绿色回收产业，促进废品材料与零部件的循环利用或再生使用，在废旧包装容器、家电、废旧汽车、建筑垃圾等领域形成了比较完整的循环产业体系。在能源方面，日本充分发挥煤电清洁高效生产技术优势，同时强化核电和氢能等可再生能源的技术研发，推动绿色能源产业快速发展。

三、中国工业绿色发展

“十三五”以来，我国工业领域重点推进传统行业绿色化改造，促进绿色科技创新，建立法规标准制度，实施绿色制造工程，优化了产业结构，提升了能源资源利用效率，提高了清洁生产水平，扩大了绿色低碳产业规模，基本形成了绿色制造体系。但是，我国仍处于工业化、城镇化深入发展的历史阶段，传统产业特别是高能耗、高污染、高排放产业所占比重仍然较高，战略性新兴产业、高技术产业还没有成为经济增长的主导力量。资源环境约束加剧，碳达峰、碳中和时间窗口偏紧，技术储备不足，推动工业绿色低碳转型任务艰巨。同时，从外部环境看，绿色低碳转型成为全球新一轮科技和产业竞争的焦点之一，一些发达经济体有关碳关税等绿色贸易准入规则日益严苛，对经贸合作提出了新的挑战，增加了我国工业绿色转型的难度和成本。为此，要坚定不移地贯彻新发展理念，坚持系统观念，发挥制度供给、资金支持、创新引擎、产业联动、数字融合的驱动合力，形成完备的绿色发展产业生态，全面建立绿色低碳发展的现代经济体系。

1. 加强工业绿色低碳转型的保障机制创新

加快完善支持工业绿色发展的法律法规、财税、金融政策和标准体系，持续提升政府的绿色治理体系和治理能力，宣传绿色发展理念，深化国际交流合作机制，为工业绿色发展提供制度保障。

进一步完善工业节能、固定资产投资项目节能、资源节约使用、各类废旧产品回收、有害物质使用等领域的部门规章和管理要求。制订、修订工业节能、节水、低碳、资源综合利用及绿色制造等重点领域的相关标准，持续完善工业绿色发展标准体系。

完善财税金融政策。综合运用中央和地方财政、税收、金融、价格等各类政策资源支持工业绿色发展。充分利用各级财政加大对重点行业领域绿色低碳转型的支持。对符合条件的绿色产品减免税收，实施节能节水和环境保护专用设备企业所得税优惠、资源综合利用增值税和企业所得税优惠等政策。加大政府绿色采购力度，引导促进绿色产品消费。发挥政府投资基金作用，撬动金融资本和社会资本。大力发展绿色金融，通过深化绿色金融体系改革、发展金融机构绿色信贷等方式，降低产业转型阻力。推出绿色信贷、绿色债券、绿色融资租赁、绿色保险等新形式的金融工具，为产业绿色低碳转型提供强大动力保障。

营造绿色发展氛围。继续组织开展全国节能宣传周、全国低碳日、中国水周等活动，加强各类媒体、公益组织舆论引导，宣传工业绿色发展政策法规、典型案例、先进技术。举办培训、论坛、会展等活动，促进各方交流，凝聚绿色发展共识。

深化绿色国际合作。积极推进绿色制造、能效提升、资源节约等领域务实合作。不断完善中欧、中法、中英、中韩、中巴（西）以及“一带一路”合作倡议、金砖国家新工业革命伙伴关系等双多边机制，持续深化在绿色制造、节能减排领域开展经验分享与技术交流。推动联合国有关机构在重点领域开展绿色低碳技术援助、能力建设和试点项目。

2. 加速推进工业结构优化

推动传统行业绿色低碳发展。强化环保、能耗、水耗、碳排放等要素约束，在保障产业链供应链安全的前提下，实施钢铁、水泥、平板玻璃、电解铝等行业产能置换政策，建立落后产能退出长效机制。加快钢铁、有色金属、石化化工、建材、纺织、轻工、机械等行业实施绿色化升级改造，落实碳排放总量和强度“双控”要求，推动重化工业减量化、集约化、绿色化发展。

构建有利于碳减排的产业布局。通过产业转移和地区协作，在破解产业发展资源环境约束的同时，推动各地差异化协同发展。强化东部和中西部地区之间产业分工协作，形成协调联动、优势互补、共同发展的新格局。

推动先进制造业快速发展。瞄准高端化、智能化、绿色化发展方向，推进先进制造业集聚发展，着力打造能源资源消耗低、环境污染少、附加值高、市场需求旺盛的产业发展新引擎。建设新一代信息技术、高端装备、新材料、新能源及智能网联汽车等先进制造业集群。推动绿色制造领域战略性新兴产业融合化、集群化、生态化发展，做大做强一批龙头骨干企业，培育一批专精特新“小巨人”企业和制造业单项冠军企业。

3. 数字化赋能工业绿色低碳转型

强化数字基础设施绿色低碳导向。加快数字基础设施绿色低碳转型，做好大中型数据中心、网络机房绿色建设和改造，建立绿色运营维护体系，加快推动数字基础设施领域节能提效相关标准制修订。

夯实绿色低碳数据基础。推动重点行业加快开展数字化碳管理，建立产品全生命周期绿色低碳基础数据平台。加快制定涵盖能源、资源、碳排放、污染物排放等数据信息的绿色低碳基础数据标准。加快有关双碳信息服务平台建设，构建区域碳排放监测平台和大数据中心，鼓励超算中心为地区和企业绿色低碳管理提供算力服务，支持专业机构面向行业企业提供绿色低碳材料、技术、工艺、产品联合开发和应用测试、碳排放核查等服务。

推动数字化智能化绿色化加速融合。推进数字化智能化技术改造。推动制造过程的关键工艺装备智能感知和控制系统多目标优化，实现生产过程物质流、能量流等信息采集监控、智能分析和精细管理，提高绿色转型发展效率和效益。聚焦能源管理、节能降碳等典型应用场景，实施“工业互联网＋绿色制造”。

相关链接——重点行业绿色发展成效

钢铁行业

截至2022年，1000m^3以上高炉、100t以上转炉占比超过50％，常规节能措施如干熄焦、高炉炉顶压差发电、烧结余热发电、余热余能发电等技术逐渐普及。无组织排放精细化管控与治理加快推进，污染物排放标准远超欧美日韩等发达国家。2012—2022年，重点统计企业平均吨钢综合能耗、吨钢二氧化硫排放、吨钢烟粉尘排放分别下降9.2％、84.6％、69.9％。

石化化工行业

截至2022年，千万吨级炼油、百万吨级乙烯装备推广应用效果显著，化工行业新型煤气化占比达到41％。行业整体原油加工单位能量因数耗能2级指标从8kg标准油/t·因数下降到7.5kg标准油/t·因数，降幅6.25％；乙烯单位产品能耗2级指标由640kg标准煤/t下降到590kg标准煤/t，降幅7.81％。

有色金属行业

2022年中国铝、铜、铅、锌等主要产品的能耗指标已接近或达到世界领先水平。部分关键技术经济指标进一步提升，铜选矿回收率达到87％，冶炼回收率达到98.8％，已接近或达到世界先进水平。污染物排放强度大幅度下降，绩效分级A级企业排放达到超低排放水平。废水处理技术水平逐步提高，电解铝新水单耗降至0.96t左右。

建材行业

先进企业的水泥熟料综合能耗远低于100kgce/t，处于国际领先水平。2019年起建材行业的废气污染物中二氧化硫、氮氧化物和颗粒物的排放总量和占比连续三年下降，2022年固废综合年利用量保持15亿t以上。逐步提高清洁能源使用比重，积极采用可再生能源技术，研发非化石能源替代、生物质能、储能等技术。典型水泥企业生产线燃料替代率已经接近50％。

轻工行业

造纸行业加快推动再生资源回收利用，废纸回收率提升3.5％，废纸利用率稳定在50％以上；陶瓷行业各产区基本完成“煤改气”，陶瓷窑炉实现了燃气化，大型高效节能窑炉、抛光砖和大规格建筑陶瓷薄板生产技术达到世界先进水平；塑料行业大力发展生物基可降解材料，累计产能已超300万t，替代石化塑料原料加速推进；发酵行业实施大宗发酵制品高效生产菌种和绿色提取精制等技术和装备改造，发酵产酸率提高了4.2％，提取收率提高了1.0％。

纺织行业

污染物减排及能源资源利用效率持续改善，纺织业废水、氨氮、总氮、总磷排放量较

2020 年分别下降 4.15%、23.53%、3.60%、5.26%。废气治理和固体无害化处置水平进一步提高，能源消费结构不断优化，化纤行业使用天然气等清洁能源的比重同比增长 360.26%，单位产品综合能耗较 2015 年同比下降 13.82%。水重复利用率进一步提高，化纤行业保持在 95%以上，印染行业提高到 40%以上。

机械行业

绿色设计技术应用效果显著，重型压力容器轻量化设计制造技术成果应用于石油化工、煤化工、精细化工等工业领域，大型加氢反应器节材 5%～10%，超大型丁辛醇换热器和大型球罐节材 20%以上；起重运输机械行业完成了新型 QDL14 型桥式起重机轻量化系列产品设计，起重量 5～200t，涵盖 361 种规格，整机自重平均减重约 25%，能效降低大于 17%，提高了行业整体能效水平。产业结构优化升级不断提速，火电设备比重由 2016 年的 73.2% 降至 2021 年的 42.4%，2022 年，水电、风电、核电设备产量占发电设备总产量的 50.17%。机械行业综合能耗呈逐年下降趋势，如热处理行业，部分规模以上骨干企业热处理平均能耗降到 400kW·h/t 以下。主要污染物排放量持续减少，2022 年，铸造行业大气颗粒物排放较 2020 年减少 15%以上，黏土砂旧砂回用率 95%，废砂再生率约为 90%。

第三节　构建新型能源体系

一、能源、能源结构与能源转型

1. 能源和能源结构

能源是指能被人类直接取得或通过加工、转换以获得光、热、动力等任一形式能量的各种资源，主要包括煤炭、石油、天然气、核能、可再生能源等一次能源和电力、热力、各种石油制品等二次能源。一次是天然能源，存在于自然界；二次能源是由一次能源加工转换而成的。一次能源还可进一步划分为不可再生能源和可再生能源，其中，不可再生能源是指煤炭、石油、天然气等在自然界无法循环再生的能源，也称为化石能源；可再生能源是指能够不断得到补充或能在较短时间内再生产的能源，主要包括太阳能、水能、风能、生物质能、波浪能、潮汐能、海洋温差能、地热能等。根据能源直接使用过程中所排放的二氧化碳量的多少，可将能源分为高碳、低碳和清洁能源三类。其中，高碳能源是指能源使用过程中二氧化碳排放较多的能源，主要包括煤炭和石油；低碳能源是指相较于高碳能源，在使用过程中二氧化碳排放较少的能源，例如天然气；清洁能源是指能源直接使用过程中基本上不排放二氧化碳的能源，主要包括核能和可再生能源。能源的简单分类见表 7-4。

表 7-4　　能源分类

分类标准	分类类别	具体内容
能量来源	来自地球外部天体的能源	太阳能及由其转化而来的水能、风能、波浪能、海流能和化石燃料等
	地球自身蕴藏的能量	地热能、原子核能等
	地球和其他天体相互作用而产生的能量	潮汐能等

续表

分类标准	分类类别	具体内容
获取方式	一次能源	主要是天然能源，如煤炭、天然气、石油、风能、水能和太阳能等
	二次能源	主要是一次能源经加工转化，如煤气、电力、柴油、汽油、洁净煤和沼气等
自身属性	燃料型能源	煤炭、天然气、石油、木材和泥炭等
	非燃料型能源	风能、水能、海洋能和地热能等
污染程度	污染型能源	煤炭、石油等
	清洁型能源	风能、水力、太阳能、电力和核能等
使用技术成熟度	常规能源	开采和利用技术比较成熟的煤炭、天然气和水利等
	新型能源	使用技术较新的风能、太阳能、地热能、核能和生物能等
可再生与否	可再生能源	风能、太阳能、水能、海洋能和生物质能等
	不可再生能源	煤、天然气和石油等

能源结构是指各类一次能源、二次能源在能源总生产量或总消费量中的构成及其占比，包括能源生产结构和能源消费结构。能源结构一般用能源总量中各类一次能源（即煤炭、石油、天然气、核能、可再生能源等）的构成及其占比来表征。

2. 能源转型

能源转型指的是一个国家或社会主导能源转变或更替的过程。一般认为，能源转型主要集中为能源消费结构转型，具体表现为一次能源主导地位的交替更迭，即“新”能源替代“旧”能源，如煤炭替代柴薪、石油和天然气替代煤炭、可再生能源替代化石能源等。能源转型，从能源使用形式上看，是向着高效率、清洁化、低排放的方向进行转型的；而从能源利用形式上看，则是从简单向复杂或变革的方向进行转型的。从深层次内涵来看，能源转型是从高碳发展向低碳发展的转型，即由粗放型发展方式向集约型发展方式转变，由经济主导型发展方式向环境友好型发展方式转变；此外，能源转型还是一个寻求改变、进步以及创新的过程，换言之，这种转变既是能源生产和消费方式的转变，更是能源消费理念的转变，是在转变中实现增长的过程。

3. 能源效率与杰文斯悖论

能源效率是指通过技术革新、管理改进等方式使投入较少能源获得同等或更多的有效产出，即能源服务产出量与能源投入量的比值。

一般认为，能源效率的提高会降低能源的消费量，但杰文斯对此提出了质疑。1865 年，英国经济学家杰文斯（Jevons，2017）在《煤炭问题》中就提出了著名的“杰文斯悖论”，认为技术革新带来的资源利用效率的提升，不但不会减少反而会触发新一轮更大规模的对资源消耗的需求。“杰文斯悖论”的提出直击现有能源政策的合理性和有效性，得到学界的广泛关注，进而对能源回弹效应问题进行了深入的研究。

能源回弹效应是指：技术进步带来的能源效率的提升使得产品的单位成本降低，进而会造成产品消费需求的增长，促使新一轮更多的能源消费。这里因技术进步导致能源效率提升得到的预期能源节约量，会因新一轮增加的能源消费而减少，减少的部分即为回弹效应所产生的消耗量。

杰文斯悖论及能源回弹效应提醒人们，在促进能源转型过程中，不能陷入技术主义的陷阱中。

二、世界和中国能源结构现状

1. 世界能源结构

2020年全球能源消费结构中，石油仍然占据最大份额，为31.2%；煤炭是第二大能源，占一次能源消费总量的27.2%；天然气占比为24.7%。核能的份额占4.3%；可再生能源超过了核能，占比达到5.7%；水力发电的份额达到6.9%。后三者构成的新能源占比约17%，与煤、石油、天然气形成了“四分天下”的新格局。

当前，四种主要能源都进入了各自新的发展时期。煤炭发展进入“转型期”，石油发展步入“稳定期”，天然气发展迈入“鼎盛期”，新能源发展跨入“黄金期”。按当前生产水平，全球已探明的煤炭储量还可以开采139年，石油和天然气的探明储量还可以开采50年左右，化石能源资源仍较为充足。

全球能源消耗情况见表7-5。

表7-5　全球能源消耗　TWh

全球能源消耗	1900年	1950年	2000年	2010年	2021年
煤	5728	12 603	27 428	41 996	44 473
油	181	5444	42 881	47 895	51 170
气	64	2092	23 994	31 589	40 375
水电	47	925	7826	9518	11 183
核	—	—	7323	7374	7031
风	—	—	93	962	4872
太阳能	—	—	3	94	2702
总计	12 131	28 564	122 745	152 966	176 431

不同国家的能源禀赋不一样，使得能源消费结构也有差异。2019年我国可再生能源、煤炭、水电消费均居世界首位，石油消费居于世界第二位，天然气、核能消费居于世界第三位，见图7-2。

2. 中国能源结构

中国能源体系本质是一个高碳、高煤的系统，煤炭在中国能源中一直处于主导地位。

从能源生产结构看（见图7-3），2021年，原煤生产所占比重为67%，比2012年下降9.2个百分点。原油生产总量占比也呈下降趋势，从2012年的8.5%下降到2021年6.6%。天然气生产占比略有提升，从2012年的4.1%增加到2021年的6.1%。水电、核电、风电等一次电力生产占比大幅提升，从2012年的11.2%增加到2021年的20.3%。2021年，我国非化石能源发电装机历史性突破10亿kW，达到111720万kW，占总发电装机容量比重约为47%，历史上首次超过煤电装机比重。非化石能源发电量2.9万亿kWh，占全口径总发电量的比重为

34.6%。风电、光伏发电、水电、生物质发电装机规模连续多年稳居世界第一。

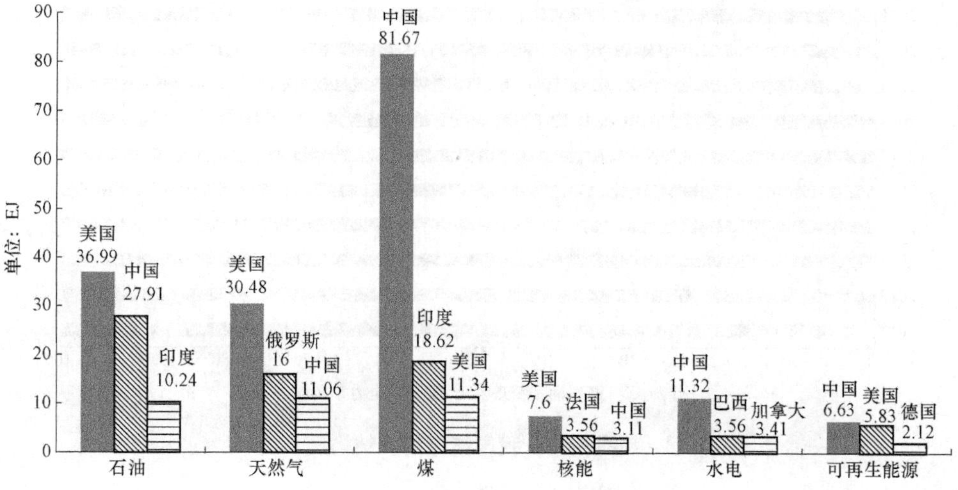

图 7-2　2019 年各能源品种消费前三名国家（BP plc.，2020 年）

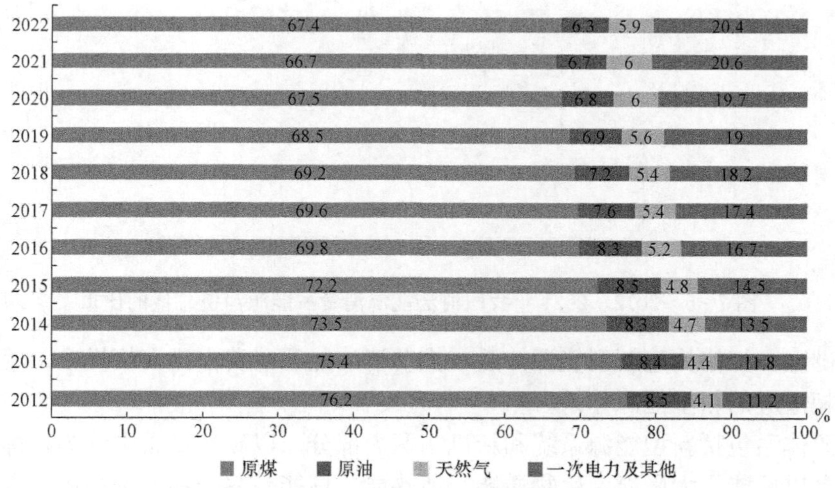

图 7-3　我国一次能源生产结构

从近年能源消费结构数据看（见图 7-4），煤炭消费占比呈下降趋势。2018 年跌至 60%以下，占比持续下降，2021 年为 56%，比 2012 年下降 12.5 个百分点。清洁能源消费占能源消费总量的比重从 2012 年的 14.5%上升到 2021 年的 25.5%，几近翻番。清洁能源消纳持续向好，2021 年水电、风电、光伏发电平均利用率分别约达 98%、97%和 98%。

总体看，我国能源构成中，煤炭处于主体性地位，石油和天然气对外依存度高，清洁能源消费占比在持续提升（见图 7-5）。

三、中国新型能源体系建设

党的二十大报告明确提出，加快规划建设新型能源体系。在推进中国式现代化和顺应全球能源低碳转型大趋势下，新型能源体系的规划和建设要着眼长远，以建设美丽中国和实现碳达峰碳中和为目标有序推进，同时也要立足当下，客观研判有利条件和风险挑战，做好相关工作。因此，中国立足能源资源禀赋，坚持先立后破、通盘谋划，在不断增强能源供应保

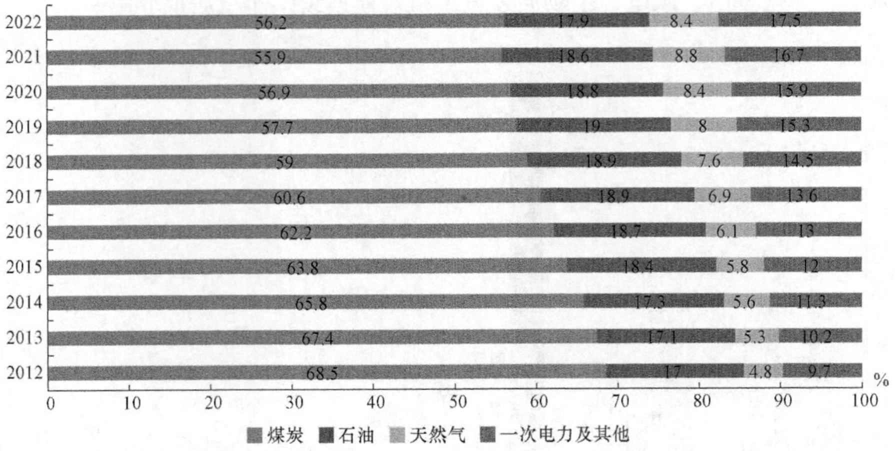

图 7-4　我国能源消费结构

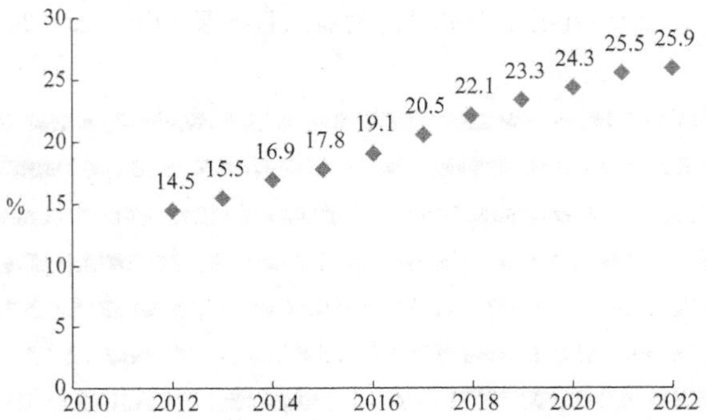

图 7-5　2012—2021 年我国清洁能源消费占能源消费总量的比重

障能力的基础上，加快构建新型能源体系，推动清洁能源消费占比大幅提升，逐步建设与中国式现代化相适应的新型能源体系。

新型能源体系包括新型能源系统和新机制两大部分。以碳达峰碳中和为目标，未来新型能源系统将是以风能、太阳能、生物质能、地热能、核能等零碳和低碳能源为主，以传统化石能源为辅，依靠先进科技与工业体系打造的能源系统[1]；新机制将是能够适应并支持新型能源系统发展壮大的相关机制和政策体系。

1. 提高传统能源清洁高效利用水平，为新型能源体系建设营造有利条件

我国的传统能源转型重点在煤，煤炭是我国主体能源，也是当前能源安全保障的基石。煤炭行业实现转型，对于其自身和煤炭富集地区的发展意义重大。以促进煤电清洁低碳发展为目标，开展煤电节能降碳改造、灵活性改造、供热改造“三改联动”，新增煤电机组执行更严格节能标准，发电效率、污染物排放控制达到世界领先水平。推动终端用能清洁化，推

[1] 有研究预测，未来我国能源系统中，风能、太阳能、生物质能、地热能、核能等新能源将成为供能主力，到 2050 年发电装机将占总装机 78%，发电量将占全国用电量 75%，新能源总量占一次能源总量比重达 51%。煤油气等化石能源及水电等非化石能源将作为重要能量补充来源和供应能力保障来源，根据自身特点在平时储备、响应尖峰负荷和应急供应保障上发挥作用。2050 年石油进口量有望降至 2 亿 t，较当前水平下降 60%；天然气进口量有望降至 1500 亿 m^3 左右，能源总体对外依存度降至 10%以下，大大缓解进口安全保障压力。

行天然气、电力和可再生能源等替代煤炭，积极推进北方地区冬季清洁取暖。合理控制石油消费增速，推进石油生产、输送过程的降碳提效。实施成品油质量升级，减少汽车尾气污染物。科学优化天然气消费结构，有序推进天然气在城镇燃气、工业燃料、燃气发电、交通运输等领域的高效利用，发展天然气热电冷联供。

2. 尽快发展壮大新能源系统，以新能源为主体提升总体安全保障水平

在推动传统能源产业做大做强、保障近期能源安全的同时，要尽快发展壮大低碳和非碳的新能源系统，包括目前比较成熟的风电、光伏发电、地源热泵、生物质发电等，也包括尚需降低成本的光热发电、纤维素乙醇、生物柴油等。

紧抓能源需求增长窗口期、着力完善基础设施，支持新能源持续较快发展。“十四五”时期是建设新型能源体系的关键时期，兼顾短期挑战和长远发展，做好相关规划。加快推进以沙漠、戈壁、荒漠地区为重点的大型风电、光伏基地建设，积极稳妥发展海上风电，积极推广城镇、农村屋顶光伏，鼓励发展乡村分散式风电，加快建设外送通道。有序推进流域大型水电基地建设。因地制宜发展太阳能热利用、生物质能、地热能和海洋能。积极安全有序发展核电。大力发展城镇生活垃圾焚烧发电。坚持创新引领，加快氢能基础设施的研发和建设，积极发展氢能源。推动智能化有源配电网建设，提升局域电网的自主调度、调节能力，推进分布式电源发展；加快布局双向充电桩、充电网络等基础设施，探索把电动汽车作为电网调节资源的有效路径；开展生物质能源收集、运输和集中处理的基础设施建设等。

3. 建设新型电力系统，推进经济部门的电气化转型

电力部门是能源系统转型的关键。无论从能源量级、能源结构还是能源增长需求来看，控制电力行业的碳排放，构建以清洁能源为主的新型电力系统，都是贯彻落实“双碳”目标的重中之重。全面电气化是新型能源体系建成的基础，各经济部门大部分的能源消耗都将来自于电力，而煤炭、石油、天然气等化石能源将主要作为原材料提供给橡胶、塑料等化工品生产，排放的二氧化碳相对较少。加快构建适应新能源占比逐渐提高的新型电力系统，开展可再生能源电力消纳责任权重考核，推动可再生能源高效消纳；大力提升电力系统灵活调节能力，加强抽水蓄能、天然气发电等调峰电站建设，推进煤电灵活性改造，优化电网调度运行方式；建设以消纳新能源为主的智慧能源系统和微电网，加强源网荷储协同发展，推动风光互补、水火互济等多能互补，推进新能源电站与电网协调同步，充分发挥储能系统双向调节作用；深化电力体制改革，推动完善电价和电力调度交易机制，加强电力辅助服务市场建设，推进电力市场化交易，不断完善符合新型电力系统运行的配套机制和市场模式。

4. 大力发展新型储能产业

新型储能是指抽水蓄能以外的储能技术，包括氢储能、飞轮、新型锂离子电池等。发展储能产业是实现能源有效供给、电力系统顺畅运转、保障我国能源安全的有力手段，也是促进能源绿色低碳转型、实现“双碳”目标的重要装备基础和关键支撑。

强化电源侧、电网侧、用电侧“三侧”场景运用，大力发展“三侧”新型储能。推进电源侧储能项目建设，健全“新能源＋储能”项目激励机制；积极推动电网侧储能合理化布局，建立电网侧独立储能电站容量电价机制；积极支持用户侧储能多元化发展，完善峰谷电价政策，为用户侧储能发展创造更大空间。

强化技术创新，攻克短板技术，并以技术进步推动成本下降和规模化发展，提升本体安全性和可靠性。重视数字化、智能化技术运用，实现数字化、智能化与新储能技术的高度融合，加快建设储能控制芯片等重大制造项目。

统筹引导储能产业发展规模和布局，避免无序建设和利用不足问题，推动新储能产业集群式发展。

完善政策配套。给初创期的储能企业相应扶持，同时培育健全的市场环境，充分利用电价信号等市场机制促进新型储能项目商业化运营与推广，培育成熟的商业模式。

5. 数字化全面赋能新型能源体系建设

数字化是促进系统集成的重要技术手段，推动数字技术深度赋能源网荷储各环节，实现电、热、冷、气多网融合、多能互补、全局调度优化，可显著提升能源资源综合利用率。数字化还可将能源网络上的高价值数据转化为生产要素，培育新产业，创造更多经济价值，利用数字技术的正外部性抵消部分传统能源系统转型成本。要着力促进人工智能、大数据、物联网、先进信息通信等与电力系统深度融合；着力推动数字化、大数据、人工智能技术与能源清洁高效开发利用技术的融合创新，大力发展智慧能源技术，把能源技术及其关联产业培育成带动产业升级的新增长点，形成能源科技创新上下游联动的一体化创新和全产业链协同技术发展模式。

6. 不断完善与新能源体系相适应的体制机制

适应新型能源系统的动态演进，适时调整能源市场机制、价格机制、科研机制、监管制度、行业政策、财税金融政策等，既要引导新型能源体系的发展，又要为其保驾护航。加快各类能源市场改革，建立支持各类新能源快速发展的交易规则。面向市场化完善峰谷价、两部价、阶梯价等定价机制，发挥市场配置资源的决定性作用，充分挖掘能源网络互济潜力，用好需求侧的可调节资源，提升常态下的安全保障水平。推进电网、热网等行业的体制改革，在扩大市场准入的同时加强监管，完善基本用能需求的兜底保障机制。完善碳市场建设，引导能源行业循序渐进推进绿色低碳转型。

四、能源技术

能源体系的转型需要重大科技创新的支撑和驱动。我国围绕可能产生重大影响的革命性能源技术创新和对建设现代能源体系具有重要支撑作用的技术领域，制订了《能源技术革命创新行动计划（2016—2030年）》，列出了15项与能源相关的重点技术领域，每个领域进一步列出了若干战略方向和具体的创新行动。依据该文件，将重点领域和战略方向总结于表7-6，具体的创新行动可参见文件原文。

表7-6　　中国能源技术革命重点创新

重点领域	战略方向
煤炭无害化开采技术创新	煤炭资源安全高效智能开发
	煤炭资源绿色开发与生态矿山建设
非常规油气和深层、深海油气开发技术创新	非常规油气勘探开发
	深层油气勘探开发
	深海油气开发技术与装备

续表

重点领域	战略方向
煤炭清洁高效利用技术创新	煤炭分级分质转化
	重要能源化工产品生产
	煤化工与重要能源系统耦合集成
	煤化工废水安全高效处理
	先进煤电技术
二氧化碳捕集、利用与封存技术创新	CO_2的大规模、低能耗捕集
	CO_2的大规模资源化利用
	CO_2的安全可靠地封存、监测及运输
先进核能技术创新	核能资源勘探开发利用
	先进核燃料元件
	新一代反应堆
	聚变堆
乏燃料后处理与高放废物安全处理处置技术创新	乏燃料后处理
	高放废物地质处置
	高放废物处理
	放射性废物嬗变技术
高效太阳能利用技术创新	太阳能高效晶体硅电池及新概念光电转换器件
	高参数太阳能热发电与太阳能综合梯级利用系统
	太阳能热化学制备清洁燃料
	智能光伏电站与风光热互补电站
大型风电技术创新	大型风电关键设备
	远海大型风电系统建设
	基于大数据和云计算的风电场集群运控并网系统
	废弃风电设备无害化处理与循环利用
氢能与燃料电池技术创新	氢的制取、储运及加氢站
	先进燃料电池
	燃料电池分布式发电
生物质、海洋、地热能利用技术创新	先进生物质能与化工
	海洋能开发利用
	地热能开发利用
高效燃气轮机技术创新	先进材料与制造
	燃气轮机机组设计
	高效清洁燃烧

续表

重点领域	战略方向
先进储能技术创新	储热/储冷
	物理储能
	化学储能
现代电网关键技术创新	基础设施和装备
	信息通信
	智能调控
能源互联网技术创新	能源互联网架构设计
	能源与信息深度融合
	能源互联网衍生应用
节能与能效提升技术创新	现代化工业节能
	新型建筑节能
	先进交通节能
	全局优化系统节能

第四节　绿色交通与绿色建筑

一、绿色交通

交通运输业是指使用运输工具将货物或者旅客送达目的地，使其空间位置得到转移的业务活动，交通运输是国民经济中具有基础性、先导性、战略性的产业，包括陆路运输服务、水路运输服务、航空运输服务和管道运输服务。按细分子行业来看，交通运输行业主要包括公路、铁路、水路、民航四个行业。

中国交通领域的二氧化碳排放仅次于电力工业和钢铁工业，居第三位。另一方面，随着近年来交通运输部门的快速发展和汽车保有量的急剧上升，汽车尾气排放量加剧了空气污染。如何解决交通运输部门的二氧化碳和汽车尾气排放成为中国实现绿色转型必须解决的现实问题。

党的十八大以来，中国交通绿色化发展取得显著成效，交通运输装备能效水平大幅提升，用能结构持续优化，组织效率不断提高，绿色交通运输体系快速发展。在交通结构方面，大力推动大宗货物“公转铁”“公转水”，深入开展多式联运；实施公交优先发展战略，大力发展公共交通；大力推广新能源交通工具，我国新能源汽车保有量占全球保有量一半以上；在绿色化建设方面，全国高速公路、普通国省道废旧路面材料循环利用率分别达到95％、80％以上。

2021年10月14日，习近平主席在第二届联合国全球可持续交通大会开幕式上的主旨讲话中指出：“要加快形成绿色低碳交通运输方式，加强绿色基础设施建设，推广新能源、智能化、数字化、轻量化交通装备，鼓励引导绿色出行，让交通更加环保、出行更加低碳。”党的二十大报告也提出，加快建设交通强国。建设绿色交通体系，是建设交通强国的内在要求。

1. 建设绿色交通基础设施

优化交通基础设施空间布局。交通基础设施建设涉及整个国土规划和利用，而且其建设、使用会对周围生态环境造成一定影响。所以，交通基础设施建设要与生态保护红线相协调、与资源环境承载力相适应。要进一步加强交通基础设施规划和建设项目环境影响评价，保障规划实施与生态保护要求相统一。统筹集约利用综合运输通道线位、桥位、土地、岸线等资源，提高国土空间综合利用率。推进科学选线选址，推广节地技术，强化水土流失防护和生态保护设计，优先避让具有重要生态功能或者生态环境敏感脆弱的国土空间，尽量避让噪声敏感建筑物集中区域。

深入推进绿色公路、绿色港口、绿色航道建设。推进绿色公路建设，以新开工高速公路和国省道干线为重点，推广节能环保技术，建设一批绿色公路和绿色服务区示范项目。加快淘汰高污染、高耗能的客船和老旧运输船舶，开展船舶受电设施设备改造，鼓励建造和使用绿色动力船舶。推进港口节能环保设施设备提升改造，加快港口岸电设备设施建设。

全面提高资源利用效率。鼓励废旧轮胎、工业固体废弃物、建筑废弃物在交通建设领域的规模化应用。推进快递包装减量化、标准化、循环化。

2. 优化交通运输结构，提升综合运输能效

深入推进运输结构调整，推动大宗货物和中长途货物运输“公转铁”“公转水”，提升铁路、水运在大宗物资远距离运输中的骨干作用，逐步减少重载柴油车在大宗散货长距离运输中的比重。

提高运输组织效率。深入推进铁水、公铁、公水、空陆等多式联运发展。优化“门到门”物流服务网络，鼓励发展城乡物流共同配送、统一配送、集中配送、分时配送等集约化配送模式，提高工矿企业绿色运输比例，扩大城市生产生活物资公铁联运服务供给。

3. 推广应用新能源，构建低碳交通运输体系

实现交通运输行业减碳，清洁能源是治本之法。要大力发展新能源和清洁能源车辆，推进公共交通、公务等领域新能源汽车的应用。加快新能源工程设备的研发和推广应用。

开展氢能源汽车试点应用。推动在适宜区域充（换）电设施建设，便利绿色出行。因地制宜在交通沿线等区域合理布局光伏发电设施。推进 LNG 船舶发展。推进油电混合、氢燃料、氨燃料、甲醇动力船舶的应用。

4. 推进交通排污排碳深度治理

推进交通污染深度治理。完善汽车及其他道路运输车辆在能耗、排污、排碳等方面的准入制度，实施汽车排放检验和维护制度，深入推进在用车辆污染治理。提升港口、航道等水运基础设施的污染治理。加强船舶污染防治。

实施交通运输绿色低碳转型行动。制定交通运输领域碳排放统计方法和核算规则，加强碳排放基础统计核算，建立交通运输碳排放监测平台，推动近零碳交通示范区建设。建立绿色低碳交通激励约束机制，分类完善通行管理、停车管理等措施。

5. 坚持创新驱动，强化绿色交通科技支撑

构建安全、便捷、高效、绿色的交通运输体系需要绿色交通技术创新为支撑。相关的技术包括：新能源运输装备和设施设备；新能源交通工具（如氢能源车辆、LNG 船舶等）；适合交通运输的分布式光伏发电等新能源技术，交通能源互联网技术；交通污染综合防治技术交通廊道与基础设施生态优化、生态重建等领域的技术；绿色交通与智能交通融合发展技术等。

加快绿交通技术推广应用。加快推广应用已有的交通运输行业重点节能低碳技术，制定发布交通运输行业重点节能低碳技术目录，强化技术宣传、交流、培训和推广应用。依托交通运输科技示范工程强化节能环保技术集成应用示范与成果转化。

发展数字化运输系统。依托大数据、移动互联网、云计算、人工智能等先进技术，积极构建一体化交通体系，提升运输效率。发挥“互联网+交通”的积极作用，以数字出行技术支持共享出行，助力交通碳中和的实现。

二、绿色建筑

中国建筑碳排放的总量庞大，建筑碳排放涉及建材生产、施工和建筑运行三个重要阶段。中国建筑节能协会、重庆大学发布的《2022 中国城乡建设领域碳排放系列研究报告》显示，2020 年全国建筑与建造能耗总量为 22.7 亿 t 标准煤，占全国能源消费总量的比重为 45.5%。2020 年全国建筑与建造碳排放总量为 50.8 亿 t 二氧化碳，占全国碳排放的比重为 50.9%。2020 年全国建筑运行碳排放总量为 21.6 亿 t 二氧化碳，占全国碳排放的比重为 21.7%。

建筑领域节能减碳是全球实现绿色发展的重要突破口，也是城市实现净零碳目标的基石。我国已出台了一系列绿色建筑相关的文件，例如《近零能耗建筑技术标准》《建筑碳排放计算标准》《绿色建筑评价标准》《超低能耗建筑评价标准》《绿色建筑被动式设计导则》《绿色建造技术导则（试行）》《建筑节能与可再生能源利用通用规范》等，促进了建筑行业绿色低碳发展的进步。但我国作为全世界最大的新建建筑市场，也是最大的存量建筑市场，在碳减排上还有巨大的潜力。

1. 加强存量建筑节能绿色改造

提高既有居住建筑节能水平。深入推进以控制能耗总量和用能强度为主的传统建筑节能工作。实施建筑用能电气化改造，替代建筑用化石能源。推进建筑用户侧能效提升改造、供热管网保温及智能调控改造。对老旧小区，对建筑围护结构、室内采暖、热源及管网等进行节能改造。引导居民采购高能效的门窗、空调、壁挂炉等产品。

推动既有公共建筑节能绿色化改造。强化公共建筑能耗统计、监测等体系建设，分类制定公共建筑用能（用电）限额指标，建立公共建筑能效评价体系，加强公共建筑用能管理。依托专业节能服务机构，加快学校、医院、商场、酒店等大型公共建筑的节能改造。鼓励公共建筑积极采用合同能源管理方式实施节能改造。

2. 提高增量建筑节能水平

新建建筑要提高气候适应性设计。充分利用建筑屋顶和周边设施发展分布式光伏发电，充分利用建筑周边资源，降低成本，提升环境效益。提高城镇新建民用建筑节能强制性标准，重点提高建筑门窗等关键部品节能性能要求。

提高政府投资的公益性建筑和大型公共建筑的节能标准，严格管控高耗能公共建筑建设。选择适宜地区，有序推动超低能耗建筑、近零能耗建筑、零碳建筑、零碳社区建设。

3. 推进建筑供能用能体系改革

推动太阳能建筑应用。根据太阳能资源条件、建筑利用条件和用能需求，统筹太阳能光伏和太阳能光热系统建筑应用。推进新建建筑太阳能光伏一体化设计、施工、安装，鼓励政府投资公益性建筑加强太阳能光伏应用。开展以智能光伏系统为核心，以储能、建筑电力需求响应等新技术为载体的区域级光伏分布式应用示范。在城市酒店、学校和医院等公共建筑中积极推广太阳能光热技术。在农村地区积极推广被动式太阳能房等适宜技术。

加强地热能等可再生能源利用。推广应用地热能、空气热能、生物质能等解决建筑采暖、生活热水、炊事等用能需求。鼓励各地根据地热能资源及建筑需求，因地制宜推广使用地表水源热泵或地下水源热泵等地源热泵技术。在充分考虑生态环境影响的前提下，适当推广浅层土壤源热泵、深层地热能、空气热能热泵、超低温空气源热泵等技术及产品应用。

实施建筑电气化工程。充分发挥电力在建筑终端消费清洁性、可获得性、便利性等优势，建立以电力消费为核心的建筑能源消费体系。开展新建公共建筑全电气化设计试点示范。在城市大型商场、办公楼、酒店、机场航站楼等建筑中推广应用热泵、电蓄冷空调、蓄热电锅炉。引导生活热水、炊事用能向电气化发展，促进高效电气化技术与设备研发应用。鼓励建设以“光储直柔”为特征的新型建筑电力系统，发展柔性用电建筑。

4. 加强建筑全生命周期管理，推广新型绿色建造方式

建筑全生命周期涉及建材生产和运输、建筑施工、建筑运行、建筑拆除、废料回收和处理等阶段，每个阶段都有不小的碳排放。实现零碳建筑或者低碳建筑，要从规划、设计、建造扩展到运行管理、拆除、回收的全生命周期，把绿色低碳发展理念延伸至建筑全领域、全过程及全产业链。

强化建筑低碳精细化设计。完善装配式建筑标准化设计和生产体系，推行设计选型和一体化集成设计，推广少规格、多组合设计方法，推动构件和部品部件标准化，扩大标准化构件和部品部件使用规模，满足标准化设计选型要求。

大力推广应用绿色建材。加大绿色建材产品和关键技术研发投入，推广低碳混凝土、再生混凝土、清水混凝土、低碳钢材、高强钢筋、高性能砌体材料、结构保温一体化墙板等新型生态建材的研发和组合应用，鼓励发展性能优良的预制构件和部品部件。推广新型功能环保建材产品与配套应用技术。

大力发展钢结构建筑。鼓励医院、学校等公共建筑优先采用钢结构建筑，积极推进钢结构住宅和农房建设。推广成熟可靠的新型绿色建造技术。积极发展装配化装修，推广管线分离、一体化装修技术，提高装修品质。

第五节 CCUS 技术

一、CCUS 技术的内涵

在全球气候治理的大背景下，低碳技术受到了越来越多的关注。广义上的低碳技术包括所有二氧化碳减排技术、二氧化碳零排技术和二氧化碳吸收处理技术，广泛应用于电力、交通运输、建筑、冶金、化工、石化、清洁能源、煤炭清洁高效利用、能源勘探等领域。

狭义的低碳技术也称低碳化技术，指 CCS（Carbon Capture and Storage）即碳捕捉与封存技术或 CCUS（Carbon Capture，Utilization and Storage）即碳捕捉、碳利用和碳封存技术，两者的区别在于人类不仅满足于将二氧化碳封存在地下，更加致力于碳利用技术的开发和应用。

CCUS 全流程（见图 7-6）包括：第一，将工业生产或能源消耗过程中产生的二氧化碳混合气体，通过化学溶剂等技术手段进行捕捉、净化以及提纯、压缩，放在储存罐中等待运输；第二，通过管道运输或者船舶运输的方式，将二氧化碳直接运输到下游产业，实现二氧

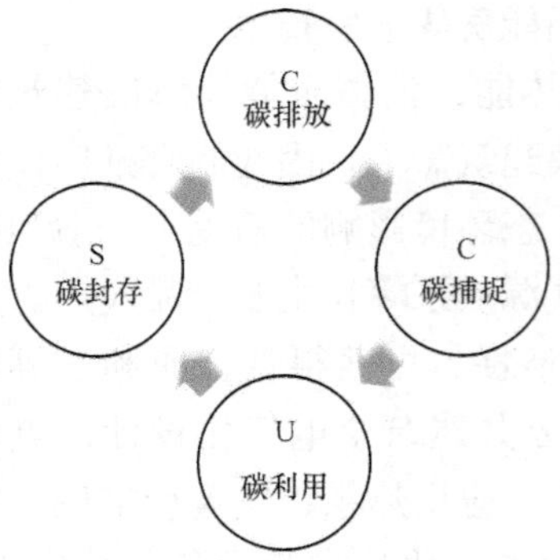

图 7-6 CCUS 流程图

化碳的再利用；第三，除了碳利用之外，也可以将二氧化碳封存于地质结构中或者海洋。三者之间形成一个二氧化碳处理的循环产业链，每个环节的技术水平、成本、技术成熟性和完全性决定了 CCUS 技术能否大规模推广应用，也意味着未来碳中和目标能否顺利达成。目前，CCUS 整体上处于研发、试验和示范项目阶段，新技术、新商业模式也在不断地探索之中。

二、CCUS 项目发展现状

在全球 CCUS 技术发展过程中，各国青睐的发展方向有一定差异。例如，欧洲国家更侧重于将捕集到的二氧化碳进行封存，他们强调“把二氧化碳和大气永久隔离”。自 20 世纪 90 年代以来，欧洲建立了多个碳封存示范工程，主要以海洋封存为主。全球第一个大规模二氧化碳封存水层项目，即挪威石油公司北海 Sleipner 项目，该项目于 1996 年启动，每年可在北海海底封存 100 万 t 二氧化碳，目前已经累计封存超 1600 万 t 二氧化碳。与欧洲发展思路不同，中国和美国更加关注碳利用的研发和推广。

2021 年，我国首次将建立 CCUS 重大示范项目纳入国家“十四五”规划中，为碳捕集、碳利用、碳封存产业发展指明了方向。同年，在《中共中央国务院关于完整准确全面贯彻新发展理念做好碳达峰碳中和工作的意见》中再次强调 CCUS 技术是我国实现“双碳”目标的重要技术手段，并提出要“推进规模化碳捕集利用与封存技术研发、示范和产业化应用”。国家能源局发布的《“十四五”现代能源体系规划》提出要重点发展 CCUS 等前沿领域，实施一批具有前瞻性、战略性的国家重大科技示范项目。生态环境部、中国人民银行等均为 CCUS 的发展提供了积极的金融支持。内蒙古自治区、广东省、重庆市等多个省市自治区陆续发布地方性文件，对 CCUS 的下一步发展作出重要规划。21 世纪以来，我国通过科技部“973”计划、“863”计划、支撑计划等计划项目，有序开展 CCUS 领域技术研发，建成多个示范工程。

三、实施 CCUS 技术的意义

正如联合国政府间气候变化专门委员会第五次评估报告所言，如果没有 CCUS 技术的大规模应用，绝大多数的气候模式将无法实现预期的减排目标。经过技术研发人员和产业人士的努力，CCUS 技术将成为大规模减少二氧化碳的重要手段，不仅能实现全球生态环境目标，也能带来可观的经济价值，使二氧化碳变废为宝，有更广阔的应用空间。

1. CCUS 是大规模减少碳排放的重要途径

目前，我国的能源消费结构依然以化石能源为主，初步核算，2022 年全国能源消费总量 54.1 亿 t 标准煤，煤炭消费量占能源消费总量的 56.2%。2022 年电力构成比例为：水电占 15%，核电 5%，新能源+生物质占 13%，67%是火电（含天然气）。2030 年实现碳达峰目标时，非化石能源占一次能源消费比重将达到 25%左右，非化石能源电力比例达到 50%，仍有超过半数的能源生产需要依赖化石能源。如果单纯依赖节能减排、提高能源效率、森林碳汇等传统路径，仍无法有效地实现预期的温室气体减排目标，从长远来看，如果要深度降碳就必须要依赖 CCUS 技术的大规模推广应用。国际能源署在《世界能源技术展望 2020——CCUS 特别报告》提出，到 2070 年，工业和运输业仍有 29 亿 t 的二氧化碳无法去除，必须依靠 CCUS 技术进行捕获、利用和封存。

2. CCUS 具有较好的经济性和商业前景

目前，CCUS 技术还处于示范探索阶段，其技术成熟性、成本经济性、商业模式、产业链等还有待完善和提升。但是在 CCUS 技术进入成长期后，该技术将具有非常可观的经济价值和商业前景。因为在持续碳减排的压力下，CCUS 技术的需求会呈现指数级增长，大量工业企业、电力企业需要碳捕集以完成减排任务；二氧化碳利用的下游产业越来越丰富，对高纯度工业级或食品级二氧化碳需求旺盛；碳封存的规模也将越来越大。为此 CCUS 将形成比较成熟的新兴产业和循环产业链，带动大批新岗位新职业，形成可观的经济收益。尤其是在碳交易体系不断完善、碳价格不断提升的形势下，CCUS 将有更具诱惑力的商业前景。

3. CCUS 助力化石能源制氢的清洁化

氢气是未来重要的清洁能源之一，氢气制取的方法有很多，各有各自的优点和缺点（见表 7-7）。生物质制氢以及其他新型制氢方法技术尚不成熟，成本高，产量低，无法满足大规模商业化条件。工业副产品制氢成本低廉，分布广泛，没有额外二氧化碳的排放，但是所制取的氢气纯度较低，杂质较多。

表 7-7　　氢气制取方法

制取方法	优点	缺点
电解水制氢	氢气很纯净，达到 99.7%以上	耗电量大，成本高
化石燃料制氢	氢气制取量大；成本可接受	以煤、石油、天然气为原料，具有耗竭性；产生大量二氧化碳
生物质制氢	生物质资源可再生	技术不成熟；产量低；成本高
新型制氢法①	利用太阳能等清洁能源	技术不成熟，处于实验和开发阶段，尚不能达到商业化大规模制氢条件
工业副产品制氢②	成本低廉，不产生额外碳排放，分布广泛	氢气纯度较低

注　① 新型制氢法包括光化学制氢、热化学制氢、太阳能光催化分解水制氢等技术。

② 工业副产氢是从产品生产过程的副产物中提纯氢气的技术，包括焦炉煤气、氯碱尾气、石油裂解等。

电解水制氢和化石原料制氢的优势劣势都非常突出，以电解水为例，生产过程非常清洁，二氧化碳排放很少，但是耗电量大，成本非常高。针对此问题，未来主要考虑将太阳能发电、风电等清洁能源发电与电解水制氢相结合，解决了耗电大和成本高的问题，同时也实现了对清洁能源发电的“储电难”问题。化石燃料制氢的产量很大，成本适中，但是生产过程将排放大量二氧化碳。为此，CCUS 技术有了用武之地，将 CCUS 技术与化石燃料制氢生产过程相结合，实现化石能源制氢流程的清洁化。国际能源署指出，除可再生能源电解水制氢方式之外，经 CCUS 技术配套的化石能源制氢将是未来清洁低碳制氢的重要方式。目前，全球有 7 座化石燃料制氢厂进行了 CCUS 技术配套，每年可以生产约 40 万 t 氢气，是电解水制氢产量的 3 倍，预计到 2070 年，全球 40%的低碳氢将来自于 CCUS 技术配套的化石燃料制氢。

四、CCUS 技术与应用

1. 碳捕集技术与应用

碳捕集或称为碳捕获，是指将工业生产和能源消耗过程中产生的二氧化碳以及大气中存在的二氧化碳以较高的效率和纯度分离出来的过程。目前，二氧化碳的捕集方法大概有三种：燃烧前捕集、富氧燃烧捕集和燃烧后捕集。以电力行业为例，可以通过燃烧前捕集、燃烧后捕集、富氧燃烧等方式实现碳捕集。在煤化工、钢铁、水泥等行业主要采用燃烧前捕集方式。

燃烧前捕集主要通过 IGCC[1] 系统（即整体煤气化联合循环发电系统）来实现，其原理是通过化学反应将煤或石油残渣等富碳燃料转化为合成气（一氧化碳与氢气混合物），以此合成气作为燃料。但是对于已经建成的传统煤粉锅炉进行 IGCC 改造几乎无法实现，因此，该技术只能用于新建电厂中。

富氧燃烧的原理是使固体燃料在纯氧当中燃烧，而不是通常的空气，由二氧化碳循环流控制燃烧。富氧燃烧过程主要产生水和二氧化碳，可采用水分离技术捕集二氧化碳。该技术在新型机组或部分改造机组中适用。

燃烧后捕集技术仅需要在燃烧装置末端增加碳捕集装置即可，相对简便，适用于大型燃煤和燃气机组，但是捕集成本太高，对电厂的供电效率也有很大影响。

2. 碳利用技术与应用

碳利用技术是指通过二氧化碳的资源化利用而创造经济价值的一系列技术。目前，二氧化碳资源化利用的途径主要有以下几个方面。

（1）物理利用方式：主要用于生产灭火剂和碳酸性饮料添加剂、制取干冰等。

（2）化工利用方式：主要用于生产尿素、纯碱、小苏打以及各种金属碳酸盐等大宗无机化工产品，加氢合成甲醇、合成乙烯和丙烯等。

（3）生物利用方式：微藻固碳和二氧化碳气肥。

（4）地质利用方式：包括二氧化碳强化石油开采技术（又称二氧化碳驱油技术）、强化天然气开采技术、增强页岩气开采技术等。其中，二氧化碳驱油技术始于 20 世纪中期，经过几十年的发展和探索，已经成为当前唯一达到商业化利用和大规模推广的地质封存利用技术，该技术可提高原油采收率 7%～15%，延长油井生产寿命 15～20 年，并且泄漏的风险很小，在驱油提高采收率的同时，也实现了二氧化碳的封存，具有较高的经济收益和环境收益。目前，二氧化碳驱油技术已经应用在中国石油大庆、吉林、新疆、长庆油田和中国石化胜利、中原油田等。当前，我国二氧化碳驱油及地质封存技术仍面临技术难度大、规模小、产业化程度低等困难，但未来仍具有非常好的发展前景。初步预计，我国约有 130 亿 t 石油地质储量适合二氧化碳驱油技术开采，估计增加可采储量 19.2 亿 t，并且可同时实现约 50 亿～60 亿 t 二氧化碳的封存目标。2022 年 8 月 29 日，中国石化下我国最大的碳捕集利用与封存全产业链示范基地、国内首个百万吨级 CCUS 项目——“齐鲁石化 - 胜利油田百万吨级 CCUS 项目”正式注气投入运行，这意味着我国 CCUS 产业开启了成熟的商业化运营阶段。该项目每年可减排二氧化碳 100 万 t，相当于植树约 900 万棵，为我国大规模开展 CCUS 项目建设提供了更丰富的工程实践经验和技术数据。

3. 碳封存技术与应用

二氧化碳封存技术是指通过物理、化学、生化等方法，将人类生产活动产生的二氧化碳

[1] 整体煤气化联合循环发电系统，是将煤气化技术和高效的联合循环相结合的先进动力系统。它由两大部分组成，即煤的气化与净化部分和燃气－蒸汽联合循环发电部分。

封存在自然的或人工的“容器”中封存百年甚至更长时间。森林、海洋、陆上或海底地质层、化学反应器等都可作为二氧化碳的“封存容器”。碳封存技术主要包括地质封存、海洋封存和化学封存三种方式。目前，国际上也已开展海上盐水层及废弃油气田封存二氧化碳的示范项目。从封存类型来看，在运行及执行项目中有60%以上是二氧化碳驱油项目。

（1）地质封存。地质封存机制与自然界封存化石燃料的原理类似，将捕集到的二氧化碳通过管道或车船运至封存地点，然后被注入到特定的地质条件以及特定的深度地层中，例如盐岩层、无开采价值的深部煤层或油气田等地质中，以地质的自然屏障防止二氧化碳泄漏。根据地质位置不同，地质碳封存又可以分为陆地地质碳封存和海底地质碳封存。封存深度一般超过800m，以此保证合适的温度和压强条件，使二氧化碳处于高密度的液态或超临界状态，封存时间可达几千年甚至上万年。

（2）海洋封存。海洋封存技术的原理是利用海洋庞大水体和二氧化碳在海水中较高的溶解度，使海洋成为封存二氧化碳的容器。海水中碳含量是大气中碳含量的50倍，是植物和土壤中的20倍。二氧化碳灌注的深度越深，封存的效果越好。增加海水中二氧化碳的浓度，可能会对海洋生物带来负面影响，例如降低生物钙化、繁殖及成长速率、迁移能力等。二氧化碳海洋封存技术有30多年的研发历程，但目前仅限于理论讨论、试验和小规模测试等，尚缺乏大规模海洋封存的实例。

（3）化学封存。化学封存的基本原理是使CO_2与金属氧化物进行化学反应，形成固体形态的碳酸盐及其他副产品。化学封存所形成的碳酸盐，是稳定的固态矿物，能实现千年以上的封存效果。每封存1t的CO_2约需要1.6～3.7t含碱土金属的硅酸盐岩石，并会产生2.6～4.7t的废弃物。目前，二氧化碳化学封存技术尚未成熟，还需努力解决高成本和环境影响等问题。

五、碳运输技术

需要明确的是，为实现碳捕集、碳封存和碳利用的全过程，二氧化碳的大规模、高效率、安全运输是不容忽视的重要环节。顾名思义，碳运输就是将捕集的大量二氧化碳运送至碳利用的下游企业或碳封存地点的过程。目前，二氧化碳的运输方式包括管道运输、公路罐车运输、铁路罐车运输、船舶运输等，各种方式的适用场景不同，也存在各自的优点和缺点。通常，运输距离、运输成本、运输规模和安全性等是运输方式选择时的重要考虑因素。管道运输适用于长距离、大规模的运输，但管道的投资成本很大。公路罐车运输适合短距离、小规模运输，运作相对灵活。铁路罐车运输适合长距离、大规模运输，但是罐车运输可能存在蒸发或泄漏的风险，运输成本也比较高。船舶运输适合于规模大、运输距离远、项目近海的情况，投资成本也偏高。二氧化碳在运输时的状态可以是气态、超临界状态、液态、固态等，其中，流体态（气态、超临界和液态）的二氧化碳更适合于大规模运输，管道运输一般是超临界状态。

2023年7月11日，我国首条百万吨输送规模、百公里输送距离、百公斤输送压力的高压常温密相二氧化碳输送管道工程——“齐鲁石化-胜利油田百万吨级CCUS项目”二氧化碳输送管道正式投入运行，标志着我国CCUS全产业链规模化发展进入新的阶段。该管道每年可将170万t齐鲁石化生产捕集的二氧化碳输送到胜利油田的地下油藏进行驱油封存，是“齐鲁石化-胜利油田百万吨级CCUS项目”的重要保障。该二氧化碳输送管道的投运将为我国大规模二氧化碳管道输送起到示范引领作用。在输送管道投运前，“齐鲁石化-胜利油田百万吨级 CCUS 项目”主要采用槽车公路运输的方式。该管道投产后，每年可减少车辆运输 4 万辆次，减少天然气（车用燃料）约 200 万标方，同时也大幅降低了公路运输安全风险、运输成本和沿线公路交通资源占用，减少公路运输环节的二氧化碳排放 0.4 万 t。

目前，我国二氧化碳管道运输仍处于起步阶段，现有的输送管道一般都是距离短、规模小、压力低，运输方式仍以低温储罐公路运输为主。北京理工大学发布的《我国 CCUS 运输管网布局规划与展望》指出，为实现碳中和目标，全国需建设总里程超过 1.7 万 km 的二氧化碳运输管道。

六、CCUS 发展的困境

1. 高成本和盈利难的困境

当前，我国已经有多个 CCUS 项目落地投运，但多处于商业化发展的初级阶段，较高的投资成本和运行成本导致企业盈利性较差，这也成为影响 CCUS 行业发展的突出困境。成本高、利润低的主要原因在于技术和商业模式成熟度低，规模经济尚未形成。有数据显示，当前低浓度的烟道气二氧化碳捕集成本大多数在每吨 400 元以上，百公里二氧化碳运输成本在每吨 35 元以上，二氧化碳注入地层成本每吨在 20 元左右，全流程综合成本远远超过了二氧化碳驱油产生的效益。未来解决成本高的难题，应该重点从技术创新、规模经济和集群化发展三个方向发力。以技术创新促进技术成熟化，解决碳捕集、碳利用和碳封存、碳运输等多个环节的技术难题，不断降低人工成本、设备成本、交通运输成本和原材料成本等，以技术溢出效应和学习效应带动更多 CCUS 项目的发展。

在规模上，过去建成的 CCUS 项目仅仅有几吨或十几吨的规模，属于单点项目，成本居高不下。但近几年，中国石化、中国石油、广汇能源等建成的 CCUS 重大工程示范项目的规模都在 300 万 t 左右，规模提上去，规模效益自然会显现出来。这些重大示范项目的技术经验、商业运作经验等都将为更大规模的项目建设打下基础。

未来应该重点推广区域化、集群化发展的商业模式，建设集中化共享式的二氧化碳输送管道基础设施，工业和能源企业等重点碳排放源可通过共享管道基础设施将二氧化碳输送到碳封存项目区或碳利用项目区，将捕集、利用、封存、运输等环节贯通起来，形成资源共享、技术共享、利用共享的多赢局面。

2. 低碳价与 CCUS 项目开发内驱力不足的困境

CCUS 项目的收益水平与碳市场的成熟度以及碳价格有密切关系，在高碳价的情形下，减少碳排放就意味着有可观的经济收益或者投资收益，对碳捕捉、碳利用、碳封存的需求强度就会增加，这将吸引越来越多的企业和投资机构的兴趣。截至 2022 年 4 月，全球有 68 种投入运行的碳定价工具，其中包括碳市场和碳税机制。新兴的碳定价工具和碳价格的一度走高，使得 2021 年全球碳定价收入比 2020 年增长了约 60%，达到约 840 亿美元。目前，中国的碳价格与欧洲的碳价格有较大的差距，2023 年 7 月全国碳市场碳排放配额价格为每吨 60 元人民币左右，同期欧盟碳配额现货的价格约为每吨 85 欧元。过低的碳价格将在很大程度上影响 CCUS 项目的盈利水平，也会进一步削弱投资者开发 CCUS 项目的内驱力，因此，中国碳排放权交易市场的发展将有助于提升企业投资 CCUS 项目的积极性。

3. 财政金融支持缺失的困境

CCUS 产业在发展初期盈利性较差，投资规模大且风险较高，很大程度上依赖财政政策和金融政策大力支持，因此，政府相关部门及人民银行等机构应及时作出适应的激励措施。

例如，可以引导各类型金融机构在自主决策、自担风险的原则下，向碳减排重点企业提供碳减排贷款；政府通过财政补贴和税收减免等方式鼓励 CCUS 项目的建设和运行。但目前，CCUS 项目的大规模推广应用仍面临着资金困境和盈利风险困境。

4. CCUS 相关法律制度缺失的困境

CCUS 行业仍处于探索阶段，其建设、运行、监管等方面的制度体系缺失，缺乏明确的政策框架和监管机制是影响 CCUS 深入发展的又一困境。法规文件、技术标准、准入条件、监管体系、运营要求等亟须完善补充，形成较为成熟完整的法律制度体系。在政策缺失的情况下，企业投资者对 CCUS 未来的商业发展充满了不确定性，使其项目融资更加困难。此外，碳市场价格走势不明确、碳封存项目长期监管责任主体不明确，都会影响投资者的投资热情。

七、CCUS 案例分析

1. 项目概况

对于碳排放量较大的火电行业而言，既要保证煤电在能源供应中的兜底作用，又要尽可能降低碳排放造成的环境影响。将大气中的二氧化碳捕捉起来进行再利用，这个曾经的大胆设想如今已成为现实。2023 年 6 月 2 日，亚洲最大的火电碳捕集利用与封存（CCUS）项目国家能源集团江苏泰州电厂项目正式投产。该项目二氧化碳捕集率超 90%，每年可捕集并消纳 50 万 t 二氧化碳，产出的干基二氧化碳纯度超 99%，将广泛应用于工业、食品业等领域，真正实现资源再利用，既具备环保价值，也有商业示范意义。

2. 碳捕集

在国家能源集团江苏泰州电厂厂区有 3 座高耸的作业塔，4 个巨大的银色球型储气罐与之相连，储存着大量经过压缩的液态二氧化碳，再经运输车将其运送到下游市场。二氧化碳捕集区占地面积约 1650m^2，与现有的其他 CCUS 项目相比单位占地面积最小。

火电厂燃烧后排放的是符合国家环保标准的烟气，其中含有 10%～15%的二氧化碳。以泰州电厂 4 号机组排放的烟气为原料气进行二氧化碳捕集。碳捕集过程主要是通过水洗塔、吸收塔、再生塔完成。烟气首先会通过引风机进入水洗塔，在降温的同时除去其中的硫氧化物、氮氧化物、粉尘等杂质。然后，气体来到吸收塔塔底。吸收塔高 50 多 m，用于吸收二氧化碳的胺溶液从吸收塔塔顶向下喷淋，进而与气体充分发生反应。此时，烟气中超过 90%的二氧化碳将被胺溶液吸收，剩余气体达到排放标准，通过烟道回到主机烟囱排入大气。吸收了二氧化碳的胺溶液将进入再生塔。经过一系列化学反应，分解成纯度超过 99%的二氧化碳和贫胺液，而后前者通过不锈钢管道输送至压缩、干燥、液化系统，将高纯二氧化碳气体转为高压二氧化碳液体，最终送入球型储罐中；后者则回到吸收塔塔顶，等待进行下一轮作业。全程不到 2min，就可以把烟气中的二氧化碳捕捉起来，等待后续的碳利用和碳封存。

3. 碳利用

破解 CCUS 项目发展瓶颈，实现二氧化碳商业化利用并确保盈利非常关键。泰州电厂 CCUS 项目已作出有效尝试。目前泰州电厂 CCUS 项目捕集到的二氧化碳主要应用于工业和食品业。4 个球型二氧化碳储罐中有 2 个储存的是工业级二氧化碳，另外 2 个储存的是食品级二氧化碳。在项目设计初期，团队就已同步在长三角地区开展了大量市场调研，锁定了焊接制造、食品级干冰、高新机械清洗等方面用户。电厂附近的油田、部分制船企业对二氧化碳也都有较大需求，项目拥有稳定的客户。从目前市场反馈来看，食品级干冰、冷链运输市场发展空间较大，客户对项目产出的二氧化碳品质也非常满意。正是因为前期做了充分调研，因此，可以保证该项目捕集的二氧化碳100%被消纳，即每年50万t的足额消纳，具备稳定的盈利能力，也为煤电CCUS项目的长期可持续运营提供了样本。

4. 依赖技术创新降低CCUS成本

CCUS项目是个新事物，既要保证产出大量高纯度的二氧化碳以供应市场，也要努力降低成本。成本降低主要是依靠技术创新、优化工艺路线、合理设备布局等手段，该项目的投资成本控制在相对较低水平，二氧化碳单位生产成本也较为理想，保证了该项目的可持续运营。

第一，为了确保项目综合性能，降低设备损耗，项目团队开展了一项项技术创新，不仅成为泰州电厂CCUS项目可持续运营的坚强保障，也为国内CCUS的推广应用提供了参照。

第二，项目团队自主研发了新型低能耗、高容量、高稳定性三元复配吸收剂，再生热耗比传统吸收剂下降超35%。

第三，吸收剂是CCUS项目技术工艺的“心脏”，确定了吸收剂的指标和方案，才能进行后续的设备选型等工作。为了调整吸收剂配比方案，项目团队做了超千次实验，才找到最优解。

第四，采用循环水直流供水冷却系统，减少了项目投资，同时捕集1t二氧化碳的电耗约下降了6kWh。

第五，选用变频可调离心式引风机，经济调节负荷范围可达60%～100%。

第六，使用的新型材质板式换热器，可保障设备检修时间缩短二三天。

第六节 国家核证自愿减排量CCER

温室气体自愿减排及抵消机制是碳排放权交易市场的重要组成部分，因为当时CCER交易规模较小，并且存在一些不规范的情况，因此，2017年3月，国家发展改革委发布文件，暂停了温室气体自愿减排交易方法等五个事项备案的申请。因此，本章主要是介绍CCER的基本内涵、发展过程、项目开发流程等，且交易流程及相关审核规定主要针对于2015年1月至2017年3月期间的运行情况，旨在为学习者提供一个参考。

一、CCER与CCER项目的内涵

CCER（China Certified Emission Reduction）即国家核证自愿减排量，最早可以追溯到1997年通过的《京都议定书》，其中提出了三种碳交易机制，即国际排放贸易机制（IET）、联合履约机制（JI）和清洁发展机制（CDM）。CDM指发达国家以提供资金和技术的方式与发展中国家开展合作，发展中国家通过实施减排项目获得“核证自愿减排量”，即CER。为了与CER进行区别，加入了“C”表示中国，计量单位为“吨二氧化碳当量（tCO_2e）”。

2020年12月31日生态环境部发布的《碳排放权交易管理办法（试行）》中规定，CCER即国家核证自愿减排量，是指符合生态环境部发布的温室气体自愿减排相关管理规定，在国家温室气体自愿减排交易注册登记系统中登记的温室气体自愿减排量，简称CCER。

根据《碳排放权交易管理暂行办法（试行）》的规定：重点排放单位可使用国家核证自

愿减排量（CCER）或生态环境部另行公布的其他减排指标，抵消其不超过5%的经核查排放量。1单位CCER可抵消1t二氧化碳当量的排放量。用于抵消的CCER应来自可再生能源、碳汇、甲烷利用等领域减排项目，在全国碳排放权交易市场重点排放单位组织边界范围外产生。因此，CCER可在国家试点和全国碳排放权交易市场进行交易，抵消控排企业部分碳配额，但是，在能够抵消的比例上限、来源的项目类别、减排量形成的时间、来源区域等方面，各个碳交易市场都有各自的特殊条款，这也使得CCER的实际交易受到了很多限制。

与CCER相关的一个概念是CCER项目，即国家核证自愿减排项目，是指依据国家发展改革委备案认可的减排项目方法学开发，并按照《温室气体自愿减排交易管理暂行办法》的规定，在国家发展改革委备案登记和产生核证自愿减排量的减排项目，简称CCER项目。

二、CCER的发展历程

早在2009年，国家发展改革委便开始了国家自愿减排交易方面的政策文件研究和相应的起草工作。2012年，《京都议定书》第一承诺期结束，欧盟碳排放交易体系EU ETS第二阶段完成，欧盟不再接受来自中国的CER，导致国内CDM机制的减排量需求大幅减少，与此同时，CER的签发速度提高，最终导致CER供给大于需求，价格持续下降。

2012年6月13日，国家发展改革委发布了《温室气体自愿减排交易管理暂行办法》，建立起国家温室气体自愿减排交易机制，其中规定"重点排放单位每年可以使用国家核证自愿减排量抵消碳排放配额的清缴，抵消比例不得超过应清缴碳排放配额的5%"，2012年10月9日又出台了《温室气体自愿减排项目审定与核证指南》。这两份文件为中国温室气体自愿减排交易奠定了重要基础，基本明确了CCER项目的申报、审定、备案、核证、签发等工作流程，为自愿减排交易项目的开发和交易提供了政策依据。2013年10月24日，中国自愿减排交易信息平台上线，该平台发布通知公告、管理办法、方法学、审定与核证机构等基本信息，也发布审定项目、注册项目、签发项目等三方面项目信息；同时，自愿减排项目可以在网站上完成审定、注册、签发等公示，签发后的减排量即可进入交易所交易。这标志着中国核证自愿减排量（CCER）的交易迈出了实质性的一步。2015年1月14日，国家自愿减排交易注册登记系统正式上线，这标志着中国温室气体自愿减排交易市场正式进入运行阶段。

2016年国家发展改革委对《温室气体自愿减排交易管理暂行办法》进行了修订，简化了工作流程。2017年3月，国家发展改革委发布《国家发展改革委关于暂停受理温室气体自愿减排交易5个事项备案申请的公告》，宣布暂缓受理"温室气体自愿减排交易方法学、项目、减排量、审定与核证机构、交易机构的备案申请"。暂缓备案申请的原因主要是"施行过程中存在温室气体自愿减排交易量小、个别项目不够规范等问题"。2017年之后，中国正式停止CDM的注册。2017年12月，国家发展改革委印发《全国碳排放权交易市场建设方案（发电行业）》，正式开启以内循环为中心的全国碳排放交易体系建设，并提出"尽早将国家核证自愿减排量纳入全国碳市场"。2018年3月，国家应对气候变化的职责由国家发展改革委转交给新组建的生态环境部，相应的国家温室气体自愿减排交易的主管机构也发生变更。2018年5月，国家自愿减排交易系统恢复运行，前期已经备案的项目可以继续交易。但是，增量项目的备案申请一直暂停。2019年6月，生态环境部发布《大型活动碳中和实施指南（试行）》，建议使用包括CCER在内的自愿碳减排指标来实现碳中和。2020年12月，《碳排放权交易管理暂行办法（试行）》提出，重点排放单位每年可以使用

CCER 抵消碳排放配额的清缴，抵消比例不得超过应清缴碳排放配额的 5%，CCER 明确纳入全国碳排放权交易市场。2021 年 3 月，生态环境部出台了《关于公开征求〈碳排放权交易管理暂行条例（草案修改稿）〉意见的通知》，指出可再生能源、林业碳汇、甲烷利用等项目的实施单位可以申请国务院生态环境主管部门组织对其项目产生的温室气体削减排放量进行核证。2021 年 7 月全国碳排放权交易市场正式启动上线交易之后，关于 CCER 重启的消息不断传出。直到 2023 年 3 月，CCER 终于迎来重启的重要信号。生态环境部发布《关于公开征集温室气体自愿减排项目方法学建议的函》，向全社会公开征集温室气体自愿减排项目方法学建议。2023 年 6 月 29 日，生态环境部在新闻发布会上表示，CCER 在制度建设、方法学确定以及交易平台建设等方面进展顺利，预计在 2023 年年底之前重新启动 CCER。2023 年 7 月 7 日，生态环境部发布通知，组织对《温室气体自愿减排交易管理暂行办法》进行了修订，且编制形成了《温室气体自愿减排交易管理办法（试行）》（征求意见稿），面向社会公开征求意见。

据悉，初期全国碳市场规模约 45 亿 t/年，按照 CCER 抵消比例 5%计算，CCER 需求量约 2.25 亿 t/年。未来随着八大行业逐步纳入，全国碳市场规模将达到 70 亿～80 亿 t/年，进而 CCER 需求将达到 3.5 亿～4 亿 t/年。

中国温室气体自愿减排交易进展详见表 7-8。

表 7-8 中国温室气体自愿减排交易重要进展

时间	发布单位/牵头单位	重要进展
2009 年	国家发展改革委	开展国家自愿减排交易相关研究和政策文件起草准备
2012 年 6 月 13 日	国家发展改革委	《温室气体自愿减排交易管理暂行办法》
2012 年 10 月 9 日	国家发展改革委	《温室气体自愿减排项目审定与核证指南》
2013 年 10 月 24 日	—	中国自愿减排交易信息平台上线，发布 CCER 项目审定、备案及签发等相关信息
2014 年 12 月 10 日	国家发展改革委	《碳排放权交易管理暂行办法》
2015 年 1 月 14 日	—	国家温室气体自愿减排交易注册登记系统正式上线运行
2016 年	国家发展改革委	对《温室气体自愿减排交易管理暂行办法》进行修订，精简工作流程
2017 年 3 月 14 日	国家发展改革委	发布《国家发展和改革委员会关于暂缓受理温室气体自愿减排交易 5 个事项备案申请的公告》，CCER 新项目开发暂缓，进入完善阶段
2018 年 3 月	—	应对气候变化的职能由国家发展改革委转到生态环境部
2019 年 6 月 14 日	生态环境部	《大型活动碳中和实施指南（试行）》，推荐通过使用包括 CCER 在内的自愿碳减排指标实现碳中和
2020 年 12 月 31 日	生态环境部	《碳排放权交易管理办法（试行）》
2021 年 3 月 30 日	生态环境部	《关于公开征求〈碳排放权交易管理暂行条例（草案修改稿）〉意见的通知》

续表

时间	发布单位/牵头单位	重要进展
2021年4月26日	国务院	《关于建立健全生态产品价值实现机制的意见》，鼓励健全碳排放权交易机制，探索碳汇权益交易试点
2023年6月29日	生态环境部	CCER在制度建设、方法学确定以及交易平台建设等方面进展顺利，预计在2023年年底之前重新启动CCER
2023年7月7日	生态环境部	组织对《温室气体自愿减排交易管理暂行办法》进行了修订

三、CCER的资产属性以及开发CCER的意义

1. CCER的资产属性

CCER是依据国家统一的温室气体自愿减排方法学开发，且在国家发展改革委备案登记的减排量。可以在试点或国家碳交易市场进行交易，在特定的限制条件下，作为碳配额的补充用于控排企业的配额清缴。因此，CCER是具有一定经济价值的新型资产，并且是具有国家公信力的资产。但是目前，CCER在各碳交易市场使用时受到项目类别、减排量产生时间、来源地域等多种限制，导致CCER的实际交易量较少，且各地区价格差异很大。预期在全国碳交易市场逐渐成熟后，CCER备案核证重新启动，参与全球碳市场的CCER比例和使用条件等都将形成统一的标准，这将进一步推动CCER的有序发展，增加CCER的市场价值。

2. 开发CCER的意义

（1）CCER交易有助于全国碳交易市场的碳配额价格发现，能有效调节碳市场运行。全国碳市场的建设目的是以市场机制为手段，促进全社会实现较低成本的减排。因此，碳配额价格必须要能够反映碳配额的真实供给需求状况和真实的减排成本。CCER交易则有助于碳市场发现价格。

针对碳交易市场中碳配额价格异常波动等情况，如果采取政府行政手段的干预方式，可能导致“硬着陆”的负面影响，且不可持续。从长远看，市场工具依然是调节碳市场价格的有效手段，CCER交易可以有效调节市场中碳配额的供给和需求数量，实现价格调节的职能。随着CCER发展的不断成熟，交易量规模越来越大，其碳市场调节能力也会逐渐增强。

（2）以CCER为基础发展金融衍生品。CCER具有较强的国家公信力，开发周期短、计入期较长，场内或场外交易、现货交易或期货交易等交易方式灵活，未来市场价格预期走高，因此，以CCER为载体开发金融衍生品具有很大的潜力。2014年11月26日，华能集团与诺安基金在武汉共同发行了全国首只基于排放配额和CCER的碳基金，全部投放于湖北碳市场。2014年12月11日，上海银行、上海环境能源交易所、上海宝碳新能源环保科技有限公司签署国内首单CCER质押贷款协议，仅以CCER作为质押担保，帮助企业获得贷款。

四、CCER开发与交易流程

国家温室气体自愿减排项目的开发过程基本上遵循了CDM项目的整体框架和设计思路，以《温室气体自愿减排交易管理暂行办法》与《温室气体自愿减排项目审定与核证指

南》为主要政策依据，从最初的项目准备到最后在碳市场上交易，全程大概经历以下几个阶段，即项目总体设计、项目审定、项目备案、项目监测、项目核查与核证、减排量备案、减排量交易。图7-7展示了CCER项目开发的全流程。由于CCER项目备案自2017年3月暂缓进行，因此本部分所涉及的项目开发流程是对暂缓备案前开发流程的介绍，仅仅是为学习者提供参考。未来CCER重启后流程和规定会有一定的调整。

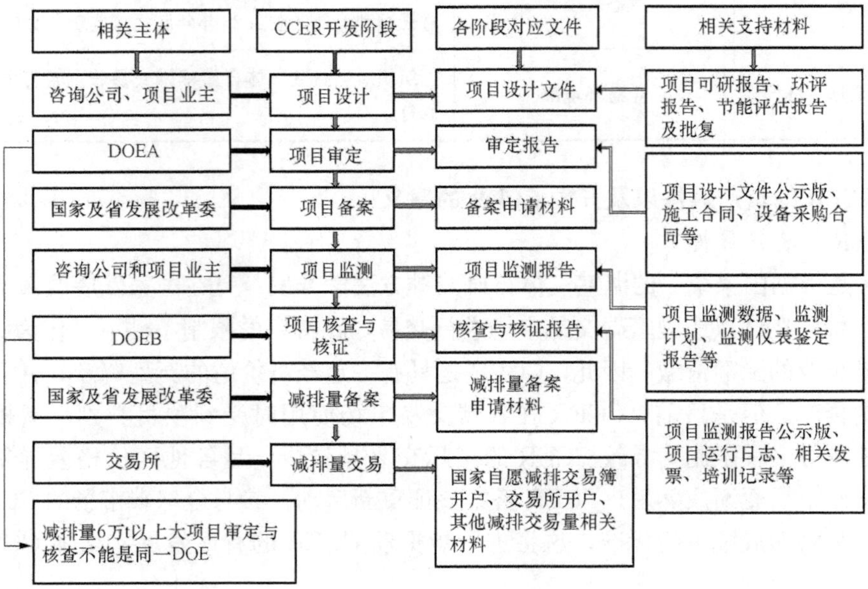

图7-7 CCER开发与交易流程图

1. 项目设计

CCER项目开发的第一步是进行项目设计，项目设计阶段的主要任务以及工作成果就是编制项目设计文件（Project Design Document，PDD）。项目设计文件要阐述清楚项目的基本情况、基准线的确定、项目额外性要求、项目计入期等问题，是申请CCER项目的重要前提性依据，也是未来进一步监测、核查、核证减排量的重要参考性文件。项目设计文件PDD可以由项目开发业主撰写，也可以委托专业的咨询机构协助业主撰写。PDD文件编写过程要遵循国家发展改革委提供的最新格式和填写指南的要求填报。2014年2月底，国家发展改革委根据国内开发CCER项目的具体要求，给出了项目设计文件模板（第1.1版）并公布在中国自愿减排交易信息平台上。项目设计文件主要内容包括：

（1）项目基本情况说明。主要介绍该项目的名称、基本描述、参与者、技术说明、地点、项目类别、项目将采用的技术等，并简要说明该CCER项目将如何实现温室气体减排、估计年减排量以及减排的额外性。

（2）基准线的确定。参考国家发展改革委批准备案的基准线方法，说明该项目所选择的基准线方法、理由及其具体应用，说明该项目温室气体排放量如何低于基准线的排放水平，以及项目的边界是如何定义的。

（3）额外性要求。根据《温室气体自愿减排项目审定与核证指南》的规定，除项目已经在联合国CDM下已经注册为CDM项目或所适用的方法学有特别的规定以外，CCER项目需要论证项目的额外性要求。

(4) 计入期要求。计入期是指项目情景相对于基线情景产生额外的温室气体减排量的时间区间。不同类型的 CCER 项目计入期会有较大差异。同时，技术创新、产业结构、能源结构、政策创新等均会对基准线有重大影响，因此，特定 CCER 项目实际产生的温室气体减排量也会随着上述影响因素的变化而变化，导致 CCER 项目的投资和实际减排收益具有一定的不确定性和风险性。为解决此类风险，《温室气体自愿减排项目审定与核证指南》提出可以在"固定计入期"和"可更新计入期"两种计入期方法中任选其一。

1) 固定计入期。项目活动的减排额计入期限和起始日期只能一次性确定，即该项目无障碍活动完成登记后不能更新或延长。一项拟议的 CCER 项目的计入期最长为 10 年。

2) 可更新计入期。每个计入期最长 7 年，最多可更新 2 次，共计 21 年。但前提条件是每次更新时指定的经营实体确认原项目基准线仍然有效或已经根据所使用的新数据加以更新，并通知执行理事会。

此外，已经在联合国 CDM 下注册的减排项目可选择补充计入期，补充计入期从项目运行之日起开始（但不早于 2005 年 2 月 16 日），截至 CDM 计入期开始时间。

因为项目具有特殊性，所以不同类型的项目会选择不同的计入期：垃圾焚烧项目一般使用固定计入期和可更新计入期，使用补充计入期的较少；秸秆发电项目一般使用可更新计入期和补充计入期，比例相对均衡，较少使用固定计入期；光伏发电项目绝大部分选择可更新计入期；风力发电项目大部分使用可更新计入期，部分使用补充计入期（唐人虎，陈志斌，2022）。

2. 项目审定

在项目设计文件撰写完成后，项目业主或签约的咨询机构需要委托第三方专业审定机构（DOE）对其项目进行审定。该审定机构需在国家发展改革委批准备案名单中，审定依据为项目设计文件、《温室气体自愿减排交易管理暂行办法》《温室气体自愿减排项目审定与核证指南》和选用的方法学。

审定过程包括合同签订、审定准备、项目设计文件公示、文件评审、现场访问、审定报告的编写及内部评审、审定报告的交付 7 个步骤，见图 7-8。

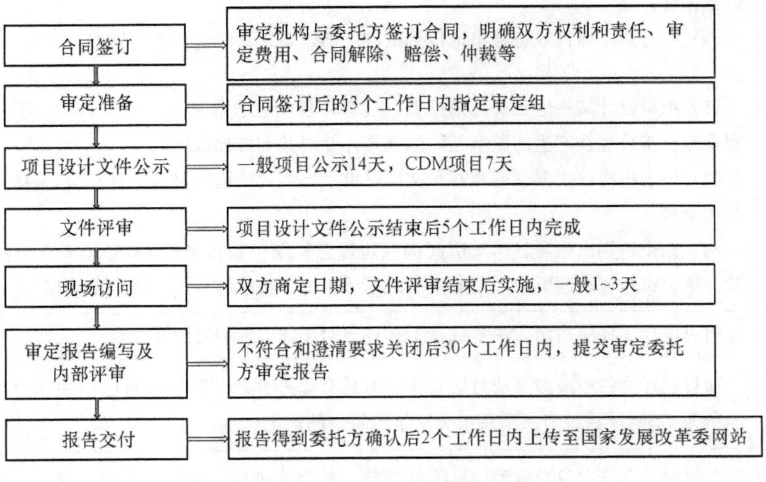

图 7-8　项目审定流程

根据《温室气体自愿减排项目审定与核证指南》的规定，对于第三和第四类 CCER 项目，现场访问不是必需的；对于新建的未开工的项目，可采用电话访问、电子邮件访问或会议室访问的形式代替现场访问，但是需要在审定报告中将不实施现场访问的理由阐述清楚。项目业主或者咨询机构需要针对审定机构提出的疑问给予回答、澄清，并且修改完善原有的项目设计文件。审定机构则需要对审定合格的项目出具肯定性的审定报告。

自愿减排项目审定时，应当满足项目资格条件、项目设计文件、项目描述、方法学选择、项目边界确定、基准线识别、额外性、减排量计算和监测计划等九个方面的要求，见表7-9。

表7-9　审定要求

序号	审定项目	具体要求
1	项目资格条件	根据《温室气体自愿减排交易管理暂行办法》规定，属于以下任一类别的2005年2月16日之后开工建设的项目即可申请备案。 （1）采用经国家主管部门备案的方法学开发的自愿减排项目。 （2）获得国家发展改革委批准为CDM项目但未在联合国CDM执行理事会注册的项目。 （3）获得国家发展改革委批准为CDM项目且在联合国CDM执行理事会注册前产生减排量的项目。 （4）在联合国CDM执行理事会注册但减排量未获得签发的项目。 审定机构应确认项目是否满足上述条件，审定委托方应声明所审定的项目没有在联合国清洁发展机制之外的其他国际国内减排机制注册，审定机构应对此予以审查确认
2	项目设计文件	项目设计文件的编写要依据从国家发展改革委网站上获取的最新格式和填写指南
3	项目描述	项目设计文件应清晰地描述项目活动。 （1）对于在现有设施上或利用现有设备开展的项目活动，审定机构应通过现场访问来确认项目描述是否是完整的和准确的。 （2）如果项目涉及对现有设施和工艺的替代，项目描述应清晰地说明项目活动与事前情形的差异
4	方法学选择	（1）项目选用的基准线和监测方法学应是经国家发展改革委备案的方法学。 （2）如果确定不满足方法学的适用条件，审定机构可以向国家发展改革委申请进行方法学的修订或偏移。 （3）在澄清、修订或偏移申请得到批准之前，审定活动应暂停实施
5	项目边界确定	（1）项目设计文件应正确地描述项目边界，包括包含在项目边界之内的、项目活动所涉及的物理设施、排放源及产生的温室气体的选择，并对其选择加以论证。 （2）审定机构可根据现场观察和文件评审（比如对试运行报告的评审），来确定项目边界的选择是否合理。 （3）如果识别出由项目活动引起的（超过总预期年减排量的1%）但未在方法学中说明的排放源，审定机构应按照要求向国家发展改革委申请方法学的澄清、修订或偏移
6	基准线识别	项目设计文件应按照方法学或者工具规定的步骤识别项目的基准线
7	额外性	项目设计文件中应描述项目活动是如何具有额外性的。除非项目已经在联合国清洁发展机制下注册为CDM项目或者所适用的方法学有特别的规定
8	减排量计算	项目设计文件中应准确地计算项目排放、基准线排放、泄漏以及减排量。计算所采取的步骤和应用的计算公式应符合方法学的要求
9	监测计划	项目设计文件应包括一个完整的监测计划

3. 项目备案

经第三方专业机构完成项目审定后，央企项目业主可向国家发展改革委申请项目备案。国家发展改革委组织专家开展评估，对符合条件的项目予以备案。

根据《温室气体自愿减排交易管理暂行办法》规定，不同类型的项目业主申请自愿减排项目备案的途径不同。

(1) 国务院国有资产监督管理委员会管理的直接涉及温室气体减排的中央企业（包括其下属企业、控股企业），直接向国家发展改革委申请自愿减排项目备案，名单由国家主管部门制定、调整和发布。

(2) 未列入名单的企业法人，通过项目所在省、自治区、直辖市发展改革部门提交自愿减排项目备案申请，省、自治区、直辖市发展改革部门就备案材料的完整性和真实性提出意见后转报国家主管部门。

4. 项目实施与监测

项目备案后，项目业主将根据项目设计文件开展减排活动，进入真正的实施阶段。同时，项目业主也将按照项目设计文件中的监测计划，对项目的减排活动实施监测，并将监测结果以报告的形式递交给签约的第三方审定核查机构。该监测报告主要是记录项目减排数据，这是项目质量保证和程序控制的重要依据，是下一阶段项目核查核证的重要保证。

5. 项目核查与核证

减排量核查是指项目业主与国家主管部门备案的核查机构签约，由核查机构对项目在一定周期内产生的减排量进行独立评估和事后决定。减排量核证是指核证机构根据核查的监测数据，利用备案的减排量计算方法计算出该项目的减排量，并以书面核证报告的形式对项目产生的减排量进行保证，同时递交给国家发展改革委。

在减排量核查与核证过程中，项目业主或者技术咨询机构需要陪同跟进项目核证工作，对核证机构提出的质疑及时给予反馈，同时修改完善项目监测报告。

(1) 项目核证程序。项目核证程序包括签订合同、核证准备、监测报告公示、文件评审、现场访问、核证报告的编写及内部评审、报告的交付等七个步骤。

(2) 核证要求。CCER 项目应满足减排量的唯一性、项目实施与项目设计文件的符合性、监测计划与方法学的符合性、监测与监测计划的符合性、校准频次的符合性和减排量计算结果的合理性等六个方面的核证要求。

(3) 项目备案后变更的审定要求。项目备案之后可能会发生监测计划的偏移或修订、项目设计文件中的信息或参数的纠正、计入期开始日期的变更以及项目设计的变更。对这些变更的审定可以与项目减排量的核证同时进行，并且可以将对变更的审定以附件的形式写入核证报告中。

6. 减排量备案

完成减排量核查与核证后，项目业主可直接向国家发展改革委提交减排量备案申请材料。国家发展改革委组织专家开展评估，并依据专家评估意见对减排项目减排量备案申请材料进行联合审查，如果审核通过，则签发对应的减排量备案，并在国家自愿减排交易注册登记系统中予以登记，核证自愿减排量单位为吨二氧化碳当量。

7. 减排量交易

在完成项目减排量的备案之后，温室气体减排量即可在经批准的各个交易所内进行交易，用于抵消企业的排放量。自愿减排交易的相关参与方，即企业、机构、团体和个人，需要在国家自愿减排交易注册登记系统中开设账户，以进行国家核证自愿减排量 CCER 的持有、转移、清缴和注销。还需要在经备案的 8 个交易所中的一个或几个开立交易所账户。经备案的交易机构的交易系统与国家自愿减排交易注册登记系统通过数据接口实现连接，实时记录减排量变更情况。

相关链接——全国首个 CCER 林业碳汇项目

2015 年 5 月 25 日，国家发展和改革委员会气候司在中国自愿减排交易信息平台发布了当期通过审核签发的 26 个中国核证减排量（CCER）项目。广东长隆碳汇造林项目首期减排量获得签发，成为全国首个获得国家发展改革委减排量签发的中国林业温室气体自愿减排项目（林业 CCER 项目）。

该项目是在国家林业局、广东省林业厅支持下，由中国绿色碳汇基金会提供技术服务，与广东省林业调查规划院合作开发的全国第一个可进入国内碳市场交易的林业 CCER 项目。项目开始于 2011 年，在广东省梅州市和河源市等欠发达地区的宜林荒山地区，实施碳汇造林 1.3 万亩（约合 866.7 万 m^2），20 年内预计产生减排量 34.7 万 t。

2014 年 3 月 30 日，项目通过了国家发展改革委批准的审定核证机构中环联合（北京）认证中心有限公司（CEC）负责的独立审定；2014 年 6 月 27 日，项目通过国家发展改革委组织的温室气体自愿减排项目备案审核会审核，7 月 21 日获得国家发展改革委的项目备案批复。项目计入期 20 年（2011 年 1 月 1 日—2030 年 12 月 31 日）内，预计可产生减排量 34.7 万 t 二氧化碳当量，年均减排量为 1.7 万 t 二氧化碳当量。

2015 年 4 月，项目第一核查期（2011 年 1 月 1 日—2014 年 12 月 31 日）的监测报告通过 CEC 核证。2015 年 4 月 29 日，项目通过国家发展改革委组织的温室气体自愿减排项目减排量备案审核会第四次会议的审议。2015 年 5 月下旬，项目第一核查期产生的减排量获得国家发展改革委备案签发。项目的所有减排量已由在广东省碳排放权交易试点的控排企业广东省粤电集团以每吨 20 元的单价签约购买，用于履行其减排义务。此项目的成功开发和交易，为我国 CCER 林业碳汇项目提供了可贵的经验和示范。

思考题

1. 查阅有关数据，更详细地了解中国的能源生产和消费结构。
2. 结合实际谈谈中国能源体系转型面临的机遇和挑战。
3. 发达国家绿色低碳发展的做法带给中国哪些启示？
4. 结合实际案例谈谈如何对既有建筑进行绿色低碳改造？可能面临的困难和解决方案是什么？
5. 发展新能源汽车对中国有哪些影响？
6. 查找案例分析 CCUS 技术应用还面临哪些困境。
7. 查阅有关资料，谈谈 CCER 实施过程中面临的问题。

参 考 文 献

[1] 陈红敏．国际碳核算体系发展及其评价［J］．中国人口·资源与环境，2011（9）：111-116.

[2] 陈星．我国碳交易价格机制研究——基于期货市场价格发现功能［D］．合肥：安徽大学，2012.

[3] 邓玉如．中国技术进步、经济增长与碳排放强度的关系研究［D］．北京：北京化工大学，2019.

[4] 丁一汇．气候变暖我们面临的灾害和问题［J］．中国减灾，2003（2）：20-26.

[5] 耿丽敏等．消费型碳排放及其核算体系研究［J］．东北师大学报（自然科学版），2012（2）：143-149.

[6] 工业和信息化碳达峰碳中和研究中心．工业绿色发展白皮书［R］．2023年6月．

[7] 国家发展改革委、国家能源局．能源技术革命创新行动计划（2016－2030年）［R］．2016年3月．

[8] 国开联研究中心．中国·城市碳达峰碳中和行动白皮书2022［R］．2022年5月．

[9] 国务院新闻办公室．新时代的中国绿色发展白皮书［R］．2023年1月19日．

[10] 韩涛，彭语心．日本的绿色发展模式及其启示［J］．低碳世界，2020（10）：6-7.

[11] 何艳秋．国碳排放统计核算体系基本框架的构建［J］．统计与信息论坛，2015（10）：30-36.

[12] 江唐洋．中国产业和能源系统碳排放及减排研究：投入产出分析视角［D］．重庆大学，2020.

[13] 蒋旭东．碳排放核算方法学［M］．北京：中国社会科学出版社，2021.

[14] 康柳江．加快形成绿色低碳交通运输方式［EB/OL］．央广网，http：//news.cnr.cn/dj/sz/20230711/t20230711_526324452.shtml，2023年7月11日．

[15] 李忠民，姚宇．低碳经济学［M］．北京：经济科学出版社，2018.

[16] 刘明达．国内外碳排放核算方法研究进展［J］．热带地理，2014（2）：248-258.

[17] 刘晴晴．绿色全要素能源效率测度及影响因素研究［D］．吉林：吉林大学，2020.

[18] 刘学之．中国二氧化碳排放量相关计量方法研究综述［J］．生态经济，2017（11）：21-27.

[19] 陆钟武．脱钩指数：资源消耗、废物排放与经济增长的定量表达［J］．资源科学，2011（1）：2-9.

[20] 毛涛．碳中和视角下英国低碳发展实践研究［J］．中国国情国力，2023（1）：75-78.

[21] 孟早明，葛兴安．中国碳排放权交易实务［M］．北京：化学工业出版社，2022.

[22] 潘武林．基于投入产出分析的中国消费侧碳排放及影响因素研究［D］．武汉：武汉大学，2018.

[23] 齐绍洲，付坤．低碳经济转型中省级碳排放核算方法比较分析［J］．武汉大学学报（哲学社会科学版），2013（2）：85-92，129.

[24] 齐绍洲，禹湘．碳市场经济学［M］．北京：中国社会科学出版社，2021.

[25] 齐绍洲．低碳经济转型下的中国碳排放权交易体系［M］．北京：经济科学出版社，2016.

[26] 齐绍洲．全球主要碳市场制度研究［M］．北京：人民出版社，2019.

[27] 清华三峡气候与低碳中心．中国的绿色金融与碳金融体系［R］．2023年2月．

[28] 苏建兰．中国碳交易市场构建框架和运行机制研究［M］．北京：经济科学出版社，2018.

[29] 唐人虎，陈志斌．中国碳排放权交易市场：从原理到实践［M］．北京：电子工业出版社，2022.

[30] 田正，刘云．日本构建绿色产业体系述略［J］．东北亚学刊，2023（2）：120-134.

[31] 王育宝，何宇鹏．中国省域净碳转移测算研究［J］．管理学刊，2020（2）：1-10.

[32] 杨成玉．欧盟绿色发展的实践与挑战——基于碳中和视域下的分析［J］．德国研究，2021（3）：79-97+154-155.

[33] 杨越．迈向碳达峰、碳中和：目标、路径与行动［M］．上海：上海人民出版社，2021.

[34] 叶旭．碳排放与经济增长的脱钩研究［D］．福州：福建师范大学，2020.

[35] 于洋．中国二氧化碳净排放和驱动因素研究［D］．长春：东北师范大学，2014.

[36] 张海滨．全球气候治理的历程与可持续发展的路径［J］．当代世界，2022（6）：15-20.
[37] 张燕龙．碳达峰与碳中和实施指南［M］．北京：化学工业出版社，2022.
[38] 智研咨询．2023-2029年中国清洁能源行业市场分析预测及发展战略研究报告［R］．2023.
[39] 中国建筑节能协会，重庆大学．2022中国城乡建设领域碳排放系列研究报告［R］．2022. https：//cabee. org/site/content/24420. html.
[40] 中国气象报社．全球气候状况报告（2022）［N］．2023年3月20日．
[41] 朱玥怡，贺克斌．新一轮产业竞争开启，“双碳行动”或影响我国未来40年［EB/OL］．https：//www. bjnews. com. cn/detail/165949079414212. html，2022年8月3日．
[42] 庄贵阳，陈迎．国际气候制度与中国［M］．北京：世界知识出版社，2005.
[43] BPplc. BP Statistical Review of World Energy 2020［R］．London：BP plc. 2020.
[44] BP plc. BP Statistical Review of World Energy 2022［R］．London：BP plc. 2022.
[45] Jevons W S. The coal question：An inquiry concerning the progress of nation，and the probable exhaustion of our coal-mines［M］．London：Macmillan and Co. 2017.
[46] Juknys Romualds. Transition Period in Lithuanis - do We Move to Sustainability？［J］Journal of Environmental research，engineering and management，2003（1）：4-9.
[47] OECD. Indicators to measure decoupling of environmental pressure from economy［R］．Paris：OECD. 2002.
[48] Saunders H D. The Khazzoom-Brookes postulate and neoclassical growth［J］．The Energy Journal，1992（4）：131-148.
[49] Tapio P. Towards a Theory of Decoupling：Degrees of Decoupling in the EU and the Case of Road Traffic in Finland between 1970 and 2001［J］．Transport Policy，2005（2）：137-151.